Isolde Bräckle

Wildgerichte
leicht gemacht

Reizvolle Rezepte
und praktischer Rat

GU
Gräfe und Unzer

Umschlag-Vorderseite
Das zarte Filet des Rehrückens gehört zu den
besonderen Delikatessen für jeden Wildfreund.
Rezept Seite 25.
2. Umschlagseite
Die »Wildententerrine mit Entenleber«, Rezept
Seite 48, ist eine edle Vorspeise für Gäste. Die Herstel-
lung erfordert allerdings etwas Geduld und Können.
3. Umschlagseite
Typisch französisch durch den aromatischen Thymian
schmeckt das »Kaninchen in Weißwein«. Rezept
Seite 43.

Dr. Isolde Bräckle

war nach dem Studium der Germanistik und Zei-
tungswissenschaft lange Jahre Redakteurin bei
Frauenzeitschriften. Schon während dieser Zeit
wurde ihr Hobby, das Kochen, zu ihrem zweiten
Beruf: Sie schrieb selbst, und mit großem Erfolg,
Kochbücher. Mittlerweile sind es zwei Dutzend
geworden. Ihr besonderes Interesse gilt zeitgemä-
ßer gesunder Ernährung ebenso wie moderner Küchentechnik. Nach wie vor erfindet und erarbeitet
sie neue Rezepte, unter anderem auch für den
»Creativ-Koch-Club« München, den sie mitbegrün-
det hat.

CIP-Kurztitelaufnahme der Deutschen Bibliothek

Bräckle, Isolde:

Wildgerichte leicht gemacht: Reizvolle Rezepte
u. prakt. Rat / Isolde Bräckle. - 4. Aufl. -
München: Gräfe und Unzer, 1988.

ISBN 3-7742-1291-0

4. Auflage 1988
© Gräfe und Unzer GmbH, München
Alle Rechte vorbehalten. Nachdruck, auch auszugs-
weise, sowie Verbreitung durch Film, Funk und Fern-
sehen, durch fotomechanische Wiedergabe, Tonträger
und Datenverarbeitungssysteme jeglicher Art nur mit
schriftlicher Genehmigung des Verlages.

Redaktion: Nina Andres
Herstellung: Robert Gigler
Farbfotos: Studio Teubner
Zeichnungen: Ingrid Schütz
Einbandgestaltung: Constanze Reithmayr-Frank
Satz und Druck: Georg Appl
Reproduktionen: Brend'amour, Simhart & Co.
Bindung: Wagner, Nördlingen

ISBN 3-7742-1291-0

Sie finden in diesem Buch

Wenn nicht anders angegeben, sind alle Rezepte für 4 Personen berechnet.

Ein Wort zuvor

Wildgerichten haftet seit jeher der Flair des Besonderen, Festlichen an, denn sie sind noch nie ein – im doppelten Sinne – »billiges« Essen gewesen. Tafelfreuden mit Wildbret waren sogar jahrhundertelang, ebenso wie die »hohe Jagd« überhaupt, Herrschern und Adeligen vorbehalten. Das edle Waidwerk beflügelte aber immer schon die Phantasie auch des »einfachen Volks« und brachte viele romantische Gestalten hervor, vom Jäger aus Kurpfalz bis zum Wildschütz Jennerwein.

Köstliche Wildgerichte sind uns aus alten Kochbüchern in großer Zahl überliefert. Beim Lesen und Vergleichen mit heutigen Wildzubereitungen stellen wir aber mit Erstaunen fest, daß sich die klassischen Rezepte, Gewürze und Beilagen nur unwesentlich verändert haben. Modernisiert wurden nur die Methoden der Küchentechnik. Und gewandelt hat sich auch unsere grundsätzliche Einstellung zum Wildfleisch. Man schätzt es heute nicht allein als Festschmaus, nicht nur wegen seines unvergleichlich würzigen Geschmacks, sondern auch wegen seiner ernährungsphysiologischen Vorzüge. Eiweiß- und vitaminreich, aber von geringem Fettgehalt, scheint es wie geschaffen für Menschen unserer Zeit. Unendlich variabel in der Zubereitung, wird es von Feinschmeckern und Köchinnen, die ihren Gästen und ihren Familien etwas Besonderes bieten wollen, mehr und mehr bevorzugt. Dazu kommt, daß Wildfleisch dank Tiefkühlung, systematischer Hege und preiswerter Einfuhren oft nicht teurer, manchmal sogar preiswerter ist als anderes hochwertiges Fleisch und Geflügel.

Dieser Küchen-Ratgeber will den vielen noch unsicheren Wild-Fans Mut machen, sich an Gerichte aus Wild und Wildgeflügel heranzuwagen, und ihnen das Rüstzeug für die richtige Zubereitung im Haushalt geben. Aus diesem Grunde ist der einführende Teil auch relativ umfangreich gehalten. Sie finden darin nicht nur alles Wissenswerte über Wild und Wildgeflügel – die einzelnen Arten, ihre Schuß- und Schonzeiten, über die Einkaufsmöglichkeiten, die Angebotsformen und alles über den gesundheitlichen Wert – sondern auch Anleitungen für wildgerechtes Vorbereiten und Zubereiten, Tranchieren und Anrichten. Vorschläge für Füllungen und Saucen, für raffinierte Beilagen und Garnituren und nicht zuletzt die passenden Getränke zu Wildbret sowie empfehlenswerte Menü-Zusammenstellungen schließen sich an die Vorstellung meiner besten Wildrezepte an. Vom festlichen Rehrücken bis zum Pudding aus Wildresten für den Alltag ist dabei an jeden Anlaß gedacht. Für viele Rezepte finden Sie farbige Abbildungen, und schwierige Arbeitsvorgänge werden in Schritt-für-Schritt-Fotos gezeigt. Natürlich würde es den Rahmen dieses Buches sprengen, auch auf seltene Wildarten, die nur hin und wieder in unseren Wildgeschäften auftauchen, wie Bär, Dachs, Antilope oder Perlhuhn, einzugehen. Beim Schreiben bin ich von der Voraussetzung ausgegangen, daß die meisten von Ihnen Wildbret aus dem Spezialgeschäft oder Supermarkt beziehen und nicht aus dem eigenen Jagdrevier. Ich hoffe aber, daß Sie einen Überblick vom Kochen mit Wildbret gewinnen und angeregt werden, mit Phantasie und Engagement meine Rezeptvorschläge nachzuvollziehen. Dazu wünsche ich Ihnen viel Vergnügen!

Ihre Isolde Bräckle

Von Hirsch und Haselhuhn

Nicht alles, was in Feld und Wald der Büchse des Jägers zum Opfer fällt, kann man einfach als »Wild« bezeichnen. Unter Wild versteht man nicht die jagdbaren, sondern die eßbaren Tiere (im Gegensatz zu dem nicht eßbaren »Raubzeug«), die überwiegend in der freien Natur leben. Die Einschränkung »überwiegend« ist notwendig, weil bestimmte hochwertige Wildarten zunehmend auch in Gehegen oder auf Farmen gezüchtet werden.

Das Wild, dessen Fleisch wir verzehren, teilen wir grob in Haarwild und Federwild ein. Zum Haarwild gehören wiederum das Schalenwild, das Ballenwild, das Muffelwild, die Antilopen und der Bär. Das Schalenwild umfaßt das Rehwild, die in Rotwild und Damwild zerfallenden Hirscharten und das auch als Schwarzwild bezeichnete Wildschwein.

Das Reh ist in ganz Europa und in weiten Teilen Asiens anzutreffen. Es hat besonders schmackhaftes Fleisch – vielleicht weil es sich als ausgesprochener Feinschmecker unter den Wildtieren von ausgesucht zarten Kräutern und anderen Leckerbissen des Waldes ernährt.

Zu den Hirscharten gehören neben unserem heimischen Rot- und Edelhirsch und dem etwas kleineren Damhirsch auch der in Sibirien, Nordeuropa und Amerika beheimatete größte Hirsch, der Elch, sowie das Ren oder Rentier, das zum Haustier geworden im hohen Norden – Lappland, Kanada und russische Tundra – lebt. Der Damhirsch hat noch zarteres »Wildbret« – so heißt das Fleisch des Hirsches – als der Rothirsch. Das hervorragend schmeckende Fleisch von Elch und Ren wird wie das von Reh oder Hirsch zubereitet. Eine besondere Spezialität ist Rentierschinken.

Das Wildschwein gehört wie das Hausschwein zur Familie der Borstentiere. Es ist in ganz Europa und Asien verbreitet, bei uns vor allem im Odenwald und Spessart.

Zu den Waldantilopen, einer Hirschziegen-Art, zählt das scheue Gamswild, das in allen europäischen und asiatischen Hochgebirgen vorkommt, bei uns in den Alpen und im Schwarzwald. Das Fleisch junger Gemsen ist eine Delikatesse.

Hase und Wildkaninchen, zoologisch zu den Nagetieren gerechnet, werden vom Jäger als Ballenwild bezeichnet. Während sich das Wildkaninchen vor allem in Südeuropa, Frankreich und England heimisch fühlt und dort in der Küche sehr beliebt ist, gehört der Hase zu den verbreitetsten und populärsten Wildtieren überhaupt. Ebenso zahlreich wie die Arten sind deshalb auch die Rezepte.

Neben diesen Wildbretarten mit langer Tradition auf europäischen Speisekarten taucht neuerdings auch exotisches Wild in den Spezialgeschäften und auf den Menükarten exklusiver Restaurants auf. Da ist einmal das Fleisch von Wildschafen oder Mufflons. Ursprünglich aus Zentralasien stammend, wurde das Muffelwild in den letzten Jahren auch in deutschen Wäldern angesiedelt. Das Fleisch dieser Horntiere liegt geschmacklich zwischen dem von Lamm und Reh und kann wie diese Fleischarten zubereitet werden. Ab und zu bekommt man auch das Gefrierfleisch verschiedener afrikanischer oder sibirischer Antilopenarten (Kudu oder Schraubenantilope, Springbock, Impala, Saiga-Antilope) zu kaufen, das an Hirschfleisch erinnert. Bärenfleisch vom Braunbär (Bärenschinken, -filets, -tatzen), Känguruhfleisch (Schwanzfleisch) sowie Steaks oder Gulasch vom Wildbüffel, Wisent und Bison sind weitere seltene Wildspezialitäten.

Die zweite große Gruppe des Wilds ist das Federwild; darunter versteht man alle Wildgeflügelarten, von denen einige ebenso selten wie teuer sind. Relativ häufig sieht man in Wildhandlungen und Delikateßgeschäften Fasane, die nicht nur durch ihr prächtiges, farbschillerndes Gefieder auffallen, sondern auch durch ihren delikaten Geschmack Feinschmecker seit Jahrhunderten begeistern. Diese »Luxusgeschöpfe« unter den Wildvögeln sind heute in ganz Europa, Asien und Amerika verbreitet; zu uns kommen sie zumeist aus Osteuropa. Auch die zu den Feldhühnern gehörenden Rebhühner kann man frisch oder tiefgefroren überall kaufen; sie werden wie Fasane, Wachteln, Perlhühner und Wildtruthähne in Farmen systematisch gezüchtet. Das unscheinbare Rebhuhn war schon bei den alten Griechen so teuer wie ein Rennpferd. Zu den selten angebotenen Hühnervögeln zählen noch das durch sein zartes, saftiges Fleisch dem Fasan ähnelnde Haselhuhn, ferner das Rothuhn, Moorhuhn, Steinhuhn und Schneehuhn. Die zu den Feldhühnern gehörende zierliche Wachtel hingegen bekommt man heute fast überall zu kaufen, jedoch nur als Zuchtwachtel, da sie nicht geschossen werden darf. Auch die Eier der Wachtel, die vorwiegend aus Japan geliefert werden, sind eine begehrte Delikatesse.

Besondere Leckerbissen sind Schnepfen und Bekassinen (Sumpfschnepfen). Schnepfen sind über die halbe Welt verbreitet, kommen zu uns aber nur aus systematischer Zucht, da sie unter Naturschutz stehen. Berühmt sind sie wegen ihrer eßbaren Eingeweide, dem »Schnepfendreck«, die gebraten auf Weißbrotscheiben serviert werden. Zum Federwild gehören noch die Krammetsvögel, die gerne Wacholderbeeren fressen und deshalb besonders würziges Fleisch haben, die Wild-, Wald oder Ringeltaube, der schöne stolze Auerhahn oder Urhahn, der wegen seines strengen Geschmacks aber kaum mehr gefragt ist, sowie der ihm nah verwandte Birkhahn. Eine Kreuzung beider ist das Rackelwild. Wesentlich häufiger sieht man in Fachgeschäften – meist importiert aus osteuropäischen Ländern – Wildenten und gelegentlich auch Wildgänse. Es handelt sich dabei vorwiegend um Schwimmenten (Stock-, Krick- und Knäckenten). Das recht schmackhafte Fleisch kann – je nach Nahrung – einen tranigen Beigeschmack haben.

Diese Aufzählung ist selbstverständlich nicht vollständig, kann es wegen des begrenzten Umfangs gar nicht sein. Sie brauchen sich aber ohnehin nur wenige Wildarten zu merken, auf die sich das Angebot konzentriert.

Gesunde Gaumenfreude

Wegen seines hohen Eiweiß- und geringen Fettgehalts ist Wildfleisch ein ideales Nahrungsmittel, sowohl für die energiearme Ernährung wie auch als Schonkost bei verschiedenen ernährungsbedingten Erkrankungen. Nur wer zu Gicht neigt, sollte auf Wildbret verzichten, da es viel Purin enthält, ein Ausgangsprodukt der gichtfördernden Harnsäure. Besonders günstig wirkt sich das hochwertige Wildfleisch in der Schlankheitsdiät aus. 100 g Rehfleisch aus der Keule enthalten zum Beispiel 21,4 g Eiweiß und nur 1,3 g Fett und bringen 407 Joule/97 Kalorien auf die Waage.

Im Vergleich dazu enthalten 100 g mageres Rindfleisch 21,3 g Eiweiß und 4,1 g Fett, das sind 512 Joule/122 Kalorien. An Vitaminen im Wildfleisch sind vor allem B_1 und B_2 zu nennen. Es hat einen hohen Gehalt an wertvollen Mineralstoffen, vor allem Eisen (mehr sogar als Schweinefleisch), Phosphor, Natrium und Kalium. Der geringe Fettanteil hängt mit der ständigen Bewegung in freier Wildbahn und der natürlichen pflanzlichen Ernährung des Wildes zusammen.

In der Umweltdiskussion taucht heute zwangsläufig auch die Frage nach der Belastung des Wildfleisches durch Schwermetalle und Pflanzenschutzmittel auf. Tests des Staatlichen Veterinäruntersuchungsamtes Hannover haben jedoch ergeben, daß 91,5 Prozent des untersuchten Wildfleisches im Sinne der gesetzlich erlaubten Toleranzen nicht zu beanstanden waren. Rückstände dieser Art kommen fast ausschließlich im Fett des Fleisches – bei Wild ohne Bedeutung – sowie in Innereien speziell von Niederwild vor. Hier allerdings warnt das Bundesgesundheitsamt dringend vor dem Verzehr von Hasenleber, die stark quecksilberhaltig ist.

Im Handel angebotenes Wildfleisch unterliegt der amtlichen Lebensmittelkontrolle. Alle Betriebe, die mit Wild handeln oder es verarbeiten, müssen ein Wildhandelsbuch führen. Bei tiefgefrorenem Wild haftet der Lieferant für die einwandfreie Beschaffenheit. Und auch vom Jäger selbst werden nach dem bundesdeutschen Jagdgesetz ausreichende Kenntnisse in der Wildbrethygiene und in den wichtigsten Wildkrankheiten verlangt, um sicherzustellen, daß kein zweifelhaftes oder verdorbenes Wild an den Verbraucher weitergegeben wird. Während für importiertes Wildfleisch und Schwarzwild aus Deutschland schon seit 1974 amtliche Kontrollen vorgeschrieben waren, muß Haarwild aus dem Inland bei uns in Kürze ebenfalls von amtlichen Fleischbeschauern untersucht werden. Notwendig wird die Neufassung des Fleischbeschau- und Geflügelfleisch-Hygienegesetzes durch die Angleichung an das Recht der Europäischen Gemeinschaft (EG). Durch die Neufassung des Fleischbeschaugesetzes wird ein langjähriger Stein des Anstoßes für die Verbraucherverbände aus dem Wege geräumt. Allerdings beschränkt sich diese Vorschrift auf das in freier Wildbahn erlegte, im Straßenverkehr getötete oder aus Gehegen stammende Wild und Wildgeflügel. Wild, das vom Jäger selbst verwendet wird, soll nicht unter diese Verordnung fallen, die einen weiteren gesundheitlichen Schutz für den Verbraucher gewährleistet.

Für den Feinschmecker sind diese medizinischen und ernährungsphysiologischen Gesichtspunkte wahrscheinlich zweitrangig, aber sicher wird er mit noch mehr Freude alle Wildgerichte zubereiten und essen in dem Bewußtsein, daß sie auch ausgesprochen gesund und bekömmlich sind.

Wild hat (fast) immer Saison

In grauer Vorzeit war Wildbret für den Menschen die einzige Quelle für tierisches Eiweiß, und noch zu Beginn der Neuzeit nahm es eine Vorrangstellung auf dem Speisezettel unserer Vorfahren ein. Der Pro-Kopf-Verbrauch an Wildfleisch in Mitteleuropa ist extrem niedrig im Vergleich zu dem Verzehr an Schlachttieren. Vom lebenswichtigen Grundnahrungsmittel ist es also zu einer Spezialität für Feinschmecker geworden. Dabei ist das Angebot an Haar- und Federwild trotz der hierzulande begrenzten Bestände so reichhaltig wie seit langem nicht mehr. Umfangreiche Importe vor allem aus osteuropäischen Ländern, aber auch aus Argentinien, Neuseeland, Skandinavien, Großbritannien und Frankreich und nicht zuletzt die Tiefkühlung haben dazu geführt, daß Wild unabhängig von den Jahreszeiten zur Verfügung steht.

Die eigentliche Hauptangebotszeit für frisches Wildbret liegt bei uns zwischen Anfang Oktober und Ende Januar, denn nach einer Verordnung zum Bundesjagdgesetz darf Wild nur in bestimmten Jahreszeiten, die aber von den einzelnen Bundesländern unterschiedlich festgelegt werden können, erlegt werden. Die übrige Zeit des Jahres herrscht »Schonzeit«. Mit regionalen Verschiebungen ist Wild wie folgt frisch im Handel:

Rotwild	Juni bis Februar
Damwild	Juli bis Februar
Rehwild	Mai bis Februar
Schwarzwild	Juni bis Januar
Hasen	Oktober bis Januar
Rebhühner	September bis Dezember
Fasanen	Oktober bis Januar
Wildenten	September bis Januar
Wildgänse	Oktober bis Januar
Wachteln	Mai bis November
Wildtauben	August bis April
Kaninchen	ganzjährig
Seltene Wildarten:	
Gamswild	August bis Dezember
Muffelwild	August bis Januar
Elchwild	August bis Januar
Rentier	Dezember bis Mai

Da im Ausland, vor allem in Übersee, oft völlig andere Schußzeiten festgelegt sind, reicht der Angebotszeitraum meist weit über die oben angegebenen Zeiten hinaus. Auch für Österreich und die Schweiz gibt es regionale Verschiebungen.

Wenn Sie genaue Informationen haben möchten, können Sie sich an die folgenden Anschriften wenden:

Für Österreich:
Zentralstelle österreichischer Landesjagdverbände
Wickenburggasse 3/13
1080 Wien

Für die Schweiz:
Allgemeiner schweizerischer Jagdschutzverein
Gesstreppe 1
Postfach
9003 St. Gallen

Außerdem kann man natürlich tiefgefrorenes Wild und Wildgeflügel das ganze Jahr über in Spezialgeschäften, Kaufhäusern und Supermärkten erhalten, darunter auch so ausgefallene Wildarten wie Elch, Ren, Mufflon oder Antilope.

Einige Faustregeln sollten Sie sich für den Einkauf von Wild merken:

In der Regel ist Wild im Winter schmackhafter als im Sommer. Und das Fleisch jüngerer Tiere ist in jedem Fall dem älterer vorzuziehen. Allerdings ist es für den Verbraucher fast unmöglich, das Alter des Tieres selbst abzuschätzen. Wildkauf ist deshalb immer Vertrauenssache, und die Hausfrau kann sich glücklich schätzen, die direkt an der Quelle, beim Jäger, kaufen kann, oder die einen vertrauenswürdigen Wildhändler kennt. Im Gespräch mit dem Fachmann eignet man sich auch manche Wildkenntnisse an, die einem beim Einkauf zustatten kommen. Leider sieht man auch tiefgefrorenen oder vakuumverpackten Wildstücken ihr Alter nicht an. Eine milde Beize wird ihnen also keinesfalls schaden. In luftdichte Folie verpacktes Wild läßt man vor der Verarbeitung einige Zeit an der Luft liegend »nachreifen«.

Durch die Erweiterung des Angebots aus dem Ausland sind die Preise für Wild in den letzten Jahren etwas verbraucherfreundlicher geworden. Wer nicht unbedingt auf Rücken oder Keule besteht, kann relativ preiswert zu einem schmackhaften Wildgericht kommen, denn Rehgulasch kostet beispielsweise nur halb so viel wie Rehrücken. Die Preise werden stark vom saisonalen Angebot bestimmt. Bei Federwild macht es auch einen Unterschied, ob man es gerupft, also bratfertig, oder im Federkleid einkauft; gerupft ist es teurer.

Seit einigen Jahren wird Wild und Wildgeflügel auch zunehmend in Gehegen und auf Farmen als Schlachtvieh gehalten, was sicher zur Vergrößerung des Angebots beiträgt. Allerdings ist die Haltung von Wild in Gehegen, zum Beispiel von Damwild, strengen Rechtsvorschriften unterworfen. Sie gewährleisten einerseits ausreichende Schonung der Landschaft, andererseits eine »artgemäße« Haltung und »naturgemäße« Fütterung sowie eine ständige tierärztliche Überwachung und Betreuung des Wildes. Damit ist für den Verbraucher sichergestellt, daß er einwandfreies Fleisch von Wildtieren erhält, die in natürlicher, gesunder Umgebung gelebt haben.

Eine kleine Einkaufshilfe, was die Mengen betrifft, soll die folgende Tabelle sein. Danach ergibt:

	Portionen
1 Rehrücken (1500–2000 g)	6–8
1 Rehkeule (etwa 1500 g)	6
1 Rehschnitzel (150–175 g)	1
Reh- oder Hirschragout mit Knochen (1200 g)	4
Reh- oder Hirschragout ohne Knochen (700–750 g)	4
Hirschrücken (etwa 1000 g)	4
Hirschkeule (1500–3000 g)	6–12
Wildschweinrücken oder -keule (1000 g)	4
1 Hase mit Knochen (2500–2700 g)	6
1 Hasenfilet oder -keule (300–400 g)	1–2
1 Hasenrücken (800–1000 g)	3–4
1 Wildkaninchen (je nach Größe)	2–6
1 Fasan (je nach Größe)	2–4
1 Wildente (je nach Größe)	2–3
1 Wildgans (je nach Größe)	2–4
1 Rebhuhn (etwa 250 g)	1
1 Wildtaube (etwa 250 g)	1
1 Schnepfe (etwa 200 g)	1
2 Wachteln (etwa 180–200 g)	1
Rentier- oder Elchrücken oder -keule (750 g)	3–4
1 Gemsen- oder Mufflonrücken (3000 g)	12
1 Antilopenkeule (2000 g)	8
1 Wildtruthahn (4000 g)	12

Abhängen ohne Hautgout

In früheren Jahrhunderten aß man Wildbret erst, wenn es den berühmt-berüchtigten Hautgout angenommen hatte, den strengen Geruch und Geschmack, den Wildfleisch bekommt, kurz bevor es in Verwesung (Mortifikation) übergeht. Schlechte Transport- und Kühlmöglichkeiten machten diesen leicht fauligen »Stich«, verursacht durch die Entwicklung von Schwefelwasserstoff, damals unvermeidbar; er wurde durch scharfes Beizen soweit wie möglich überdeckt. Ein leichter Hautgout (das Wort kommt von französisch »haut goût«, was wörtlich übersetzt »Hochgenuß« bedeutet) galt sogar als delikat. Heute empfinden echte Feinschmecker das allzu lange Mortifizieren des Wildbrets als Barbarei. Das Abhängen des Wildfleischs, das die zähe Muskulatur etwas auflockern soll, wird deshalb auf 2–3 Tage (anstatt früher 2–3 Wochen) begrenzt. Der typische würzige Wildgeruch und -geschmack, der in Zusammenhang steht mit Geschlechtszyklus, Alter und Nahrung des Tieres, bleibt dabei voll erhalten, ohne jedoch aufdringlich zu wirken. Vermieden aber werden alle gesundheitlichen Gefahren, die durch Fäulnis entstehen könnten.

Das handelsübliche Wild hat heute – wenn es den Verbraucher erreicht – den richtigen Reifegrad erlangt. Soweit es nicht portioniert und tiefgefroren wird, erfolgt das Abhängen in Eiskellern und modernen Kühlanlagen. Schon nach wenigen Tagen hat es dort die optimale Reife erlangt, das heißt, die Eiweißumsetzung ist soweit fortgeschritten, daß keine geschmackliche Verbesserung mehr erfolgen kann.

Bei manchen Wildarten wirkt sich das Abhängen besonders negativ aus. Viele Wildgeflügelarten, so Wildente, Wildgans, Wachteln, Krammetsvögel, Birkhahn und Auerhahn, müssen frisch, ohne den bei Wildgeflügel »Faisandage« genannten Hautgout, verbraucht werden. Abhängen oder faisandieren – jedoch nur wenige Tage – sollten Fasan, Rebhuhn, Schnepfe und Steinhuhn. Besonders Wasservögel, die leicht einen tranigen Beigeschmack haben, wenn sie Fischfresser sind, müssen innerhalb von 3 Tagen in die Bratpfanne wandern.

Tiefgefrorenes Wild und Wildgeflügel, das nach kurzem Abhängen eingefroren wurde, erhält durch den Gefrierprozeß die nötige Mürbheit, die wir von einem guten Stück Wildbret erwarten.

Unter Kühlhausbedingungen hält sich Rehwild im Fell 29, ohne Fell 21 Tage; ausgeweidete Hasen sind im Fell 30 Tage, ohne Fell 21 Tage haltbar.

Bratfertiges Wildfleisch wird wie anderes Frischfleisch nach dem Einkauf im Kühlschrank bei + 2–6 °C in einer zugedeckten Schale unmittelbar unter dem Verdampferfach aufbewahrt. Es kann 1–2 Tage darin lagern, in Beize eingelegt 2–3 Tage.

Abziehen, Zerwirken, Rupfen, Ausnehmen

Erlegtes Schalenwild muß sofort aufgebrochen werden, um die Gefahr des »Überhitzens« oder Faulens zu vermeiden, die sich durch rotbraune, kupferrote bis grünliche Färbung des Fleisches bemerkbar macht. Das

Aufbrechen ist Aufgabe des Jägers, der dafür das traditionelle Anrecht am »Aufbruch« (Leber, Herz, Lunge, Nieren, Milz, Hirn und Zunge) für sich in Anspruch nehmen kann. Er muß allerdings auch dafür sorgen, daß beim Ballenwild die Harnblase gut ausgedrückt wird und jedes Tier sofort ausblutet und auskühlt. Angeschossenes und langsam ausgeblutetes Wild muß sofort abgezogen werden, »aus der Decke geschlagen« oder »abgeschwartet«, wie der Waidmann sagt, um genießbar zu bleiben.

Im allgemeinen ist das Abziehen und Zerteilen oder »Zerwirken« des Wildes Sache des Jägers oder Wildhändlers und wird bei Schalenwild wohl kaum jemals in den Aufgabenbereich der Hausfrau fallen. Sie kauft Rücken (»Ziemer«), Schultern (»Blatt«) und Keulen (»Schlegel«) sowie Kleinfleisch im Wildgeschäft und braucht lediglich zu wissen, wie man Rückenfilets auslöst oder Keulen portioniert. Meist ist das Fleisch im Geschäft sogar schon bratfertig, also auch gehäutet, erhältlich. Die Filets werden mit einem Schnitt entlang des Rückgrats ausgelöst. Bei den Keulen werden die Knochen sauber herausgetrennt, so daß die vier großen Muskelstücke freiliegen. Aus ihnen kann man nun quer zur Muskelfaser Steaks abtrennen. Aus den übrigen Fleischstücken schneidet man Gulaschwürfel.

Schwarzwild muß unbedingt vom Fachmann »abgeschwartet« und zerteilt werden. Die Borsten werden dabei mit einem glühenden Eisen abgesengt, wodurch die Haut schwarz wird – daher der Name »Schwarzwild«. Nur Frischlingen läßt man ihre noch zarte Schwarte, bei älteren Tieren wird sie Strich für Strich mit dem Messer entfernt.

Ballenwild, vor allem Wildkaninchen, wird schon eher als Schalenwild einmal im »Balg« in den Haushalt gelangen. Je frischer das Tier ist, desto besser können Sie ihm »das Fell über die Ohren ziehen«. Beim Kaninchen wird es entlang des Rückgrats aufgeschnitten und mit der Hand nach vorne gezogen. Bauchlappen und Rippen trennt man dann mit der Geflügelschere entlang der Filets ab. Danach trennt man Kopf und Vorderläufe ab. Übrig bleiben als verwertbare Teile Rücken und Hinterkeulen des Kaninchens, die schließlich noch gehäutet werden müssen.

Während zum Abziehen des Fells eine sogenannte »Aufbruchklinge« mit rundem Kopf praktisch ist, benutzt man zum Häuten von Wildfleisch einfach ein kleines, scharfes Messer, mit dem man die milchig-weiße Haut in Streifen abschabt. Dabei sticht man mit dem Messer möglichst flach unter der Haut etwa

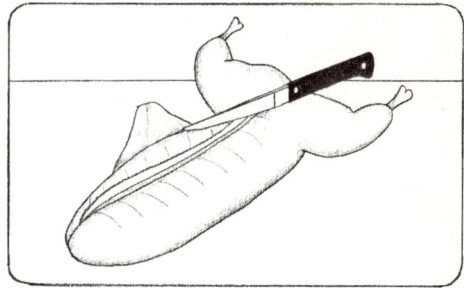

Wildfleisch muß sorgfältig gehäutet werden, damit es sich beim Braten nicht zusammenzieht.

3 cm breit ein und führt es direkt unter der Haut entlang. Nach dem Häuten werden die Fleischfasern wieder geglättet. Das Häuten ist nötig, damit der Braten möglichst zart bleibt, sich nicht zusammenzieht und appetitlich braun wird.

Auch Wildvögel kann man im Spezialgeschäft oder auf dem Markt im Federkleid kaufen. »Ausgehäkelt« sind sie dann bereits, denn diese Prozedur muß so schnell wie möglich nach dem Abschuß erfolgen. Mit dem Aushäkeln ist das Entfernen des Darms (»Geschlinge«) gemeint, der mit einem besonderen »Aushäkeldraht« aus dem After oder dem Waidloch durch Drehen herausgezogen wird, um den Geschmack des bis zu 3 Tage im Federkleid abhängenden Vogels nicht zu beeinträchtigen. Erst nach dem Abhängen wird Federwild gerupft, ausgenommen und gereinigt.

Zunächst überbrüht man den Vogel mit heißem Wasser oder läßt ihn in der Gefriertruhe anfrieren. In beiden Fällen läßt er sich anschließend besser rupfen. Dazu wird der Vogel auf den Rücken gelegt. Man faßt immer nur wenige Federn und rupft sie gegen den Strich, also in Richtung Kopf, vom Hals über die Flügel zur Brust. Die starken Rückenfedern am Schwanz (»Stoß«) kommen zum Schluß an die Reihe. Sobald der Vogel nackt ist und nur noch die Federkielreste zu sehen sind, werden diese über einer Kerze (oder über einer Brennspiritusflamme in einem feuerfesten Gefäß) abgesengt, ohne daß die Haut verbrannt wird. Auch beim Rupfen muß darauf geachtet werden, daß die Haut unverletzt bleibt. Dann werden mit der Geflügelschere Flügel (»Schwingen«), Beine (»Ständer«) und der Kopf abgetrennt. Dem Hals wird an der Kehle nach einem kleinen Längsschnitt der Kropf mit dem vollen Futtersack entnommen. Dann wird der Leib mit einem scharfen Messer geöffnet und mit einem Ruck mit der Hand werden alle Eingeweide auf einmal herausgezogen. Zuletzt wird die Pürzeldrüse abgeschnitten. Bei manchen Wasservögeln, aber auch bei Haselhuhn, Birk- und Auerhahn empfiehlt es sich, die ganze Haut mit dem Federkleid abzuziehen, da in der Fettschicht unterhalb der Haut unangenehme Geschmacksstoffe sitzen können. Man öffnet dazu die Haut über dem Brustbein und zieht sie nach hinten hin weg.

Bei kleineren Vögeln, wie Rebhühnern oder Tauben, löst man unter Umständen auch nur die Brüste – das Schmackhafteste an ihnen – heraus. Schnepfen läßt man mit den Eingeweiden im Federkleid abhängen und nimmt sie erst unmittelbar vor der Zubereitung aus. Der Inhalt der Bauchhöhle ohne Magen wird getrennt als »Schnepfendreck« zubereitet.

Haltbar machen

Die früher üblichen Konservierungsmethoden wie Einpökeln, Räuchern und Sterilisieren wurden fast vollständig von der modernsten Art der Haltbarmachung, der Tiefkühlung, abgelöst. Wild und Wildgeflügel einzufrieren lohnt sich aber eigentlich nur für den, der selbst Jäger ist oder die Möglichkeit hat, ein frisch erlegtes Tier preisgünstig zu kaufen. Wegen seines geringen Fettgehalts eignet sich Wildbret gut zum Einfrieren, sollte aber – wie alles Gefriergut – von ausgezeichneter Qualität sein.

Es muß wie üblich gut ausbluten und sollte dann für kurze Zeit abhängen – Haarwild zum Beispiel 1–2 Tage –, denn es darf weder zu frisch noch zu alt sein. Da es schwierig ist, den richtigen Zeitpunkt zu treffen, sollte man möglichst einen Fachmann zu Rate ziehen, der auch das Zerwirken übernimmt. Das Fleisch wird dann feucht abgewischt, enthäutet und portioniert. Vom Würzen, Beizen oder Spicken sollte man vor dem Einfrieren absehen. Gefriergut wird zwar durch das Einfrieren mürber; das bedeutet aber nicht, daß ein altes, zähes Stück Wild durch die Tiefkühlung besser würde – vor diesem Irrtum sollte man sich hüten. Sie können Wildfleisch oder Wildgeflügel sowohl roh als auch zubereitet, als Fertiggericht, einfrieren. Wichtig sind die gute, luftdichte Verpackung in Alufolie, starker Plastikfolie oder Gefrierdosen sowie die Beschriftung mit Angaben wie Inhalt, Datum der Einlagerung, das Gewicht, ob gespickt oder nicht und so weiter. Rohem Fleisch können Sie übrigens gleich passende Kräuter, Wurzeln oder Pilze beigeben. Die Haltbarkeitsdauer beträgt für eingefrorenes Haarwild 10–12 Monate, für Federwild 9–12 Monate (mit Füllung 1–2 Monate). Gespicktes Wild oder Wildgeflügel im »Speckhemd« sollte man – wenn überhaupt – nicht länger als 3 Monate eingefroren lagern, da der Speck dann ranzig wird. Auch Wildgerichte und Wildpasteten sind ohne Qualitätsminderung nur 3 Monate haltbar. Wildleber sollte überhaupt nicht eingefroren werden.

Für das Auftauen von Wild und Wildgeflügel gelten die gleichen Regeln wie für jedes andere tiefgefrorene Fleisch und Geflügel. Bratenstücke sollte man zum Auftauen aus der Verpackung nehmen, über Nacht im Kühlschrank auftauen lassen und wie frisches Fleisch verwenden, also nach Belieben spicken, beizen, braten oder schmoren. Kleinfleisch vom Wild tauen Sie in einer Schüssel auf und bereiten es dann wie gewohnt zu, ebenso erwärmen Sie Fertiggerichte wie üblich. Entgegen früherer Ansicht brauchen Sie Wildfleisch nicht unbedingt zu beizen, da es durch den Gefrierprozeß ohnehin mürber geworden ist. Aus geschmacklichen Gründen können Sie es jedoch in Milch oder Sauermilch liegend auftauen oder einige Stunden in einer Weinbeize marinieren. Das ist besonders für Kleinfleisch wie Rehpfeffer und ähn-

liches empfehlenswert. Bedenken Sie auch die verkürzten Garzeiten! An- oder aufgetautes Wild und Wildgeflügel darf nicht wieder eingefroren werden.

Beim Einkauf von Tiefkühlkost aus Wildbret, die von der Industrie in großer Auswahl angeboten wird, achten Sie auf das Verpackungsdatum, damit Sie keine überlagerte Ware kaufen. Das ist vor allem für die geschmackliche Qualität von gespicktem oder bardiertem Wild wichtig. Wer ganz sicher gehen will, sollte aus gespickten Bratenstücken nach dem Auftauen den Speck entfernen und ihn durch frischen Speck ersetzen.

Lagerzeiten für tiefgefrorenes Wild und Wildgeflügel

Fasan 9 Monate, junge Tiere 12 Monate, bereits gefüllte 2 Monate, fertige Gerichte nur 3 Monate

Gemse 10 Monate – wie Reh

Hase 10 Monate – wie Reh

Hirsch 10 Monate – wie Reh

Rebhuhn 9 Monate – wie Fasan

Reh 10 Monate, fertige Gerichte und Braten nur 3 Monate, mit Speck gespickte Teile nur 2 Monate

Schnepfe 9 Monate – wie Fasan

Wachtel 9 Monate – wie Fasan

Wildente 9 Monate – nur junge Tiere einfrieren

Wildkaninchen 10 Monate, Hauskaninchen 6 Monate – wie Reh

Wildschwein 10 Monate – wie Reh

Ein Kapitel Küchentechnik

Wildgerechte Garmethoden

»Das Wildbret bildet den höchsten Genuß bei Tische . . . Aber diese Eigenschaften sind in jeder Beziehung von dem Koch abhängig, der es zubereitet. Unter den Händen eines kenntnisreichen Kochs geht das Wild eine Unzahl von Veränderungen und Verwandlungen ein und liefert die köstlichsten Gerichte, aus denen sich die höhere Küche zusammensetzt«, stellte schon Brillat-Savarin, der Klassiker unter den Gourmets, fest. Delikate Wildgerichte sind heute wie damals nicht nur von der Qualität der Zutaten, sondern auch von der sachverständigen Zubereitung abhängig. Ganz allgemein kann gesagt werden, daß bei Wildgerichten ein Geschmackswandel stattgefunden hat. Wildbret wird heute – begünstigt durch das reiche Angebot an bratfertigem, gut ausgereiftem Fleisch – nur noch dann gebeizt, wenn dies aus geschmacklichen Gründen nötig ist, zum Beispiel wenn es sich nicht um erstklassiges Fleisch handelt. Wildfleisch sollte unbedingt immer ganz durchgebraten werden, denn Jagd-Fachleute und Tierärzte melden nämlich große Bedenken gesundheitlicher Art gegenüber nicht durchgebratenem oder gar rohem Wildfleisch an, weil die Tierbeschau weder im Inland noch in allen Einfuhrländern bei allen Wildarten korrekt durchgeführt wird und daher die Gefahr von Infektionen besteht. Auch Kurzbratstücke sollten also im Zweifelsfall ganz »unmodern« durchgebraten werden.

Wer außerdem Wert auf viel köstliche Wildsauce legt, wird auch heute noch auf einen geschmorten Hasenrücken oder eine gespickte Rehkeule nicht verzichten wollen. Eine moderne Alternative dazu wäre, die Filets auszulösen, aus den Rückenknochen einen Wildfond für eine delikate Sauce zu bereiten (Rezept Seite 66) und die Filets selbst in viel frischer Butter zu braten.

Fleisch von älteren Tieren muß unbedingt, meist nach vorherigem Beizen und Spicken, geschmort werden. Weniger ansehnliche Wildteile werden zu Gulasch, Ragout (Wildpfeffer) oder Haschee verarbeitet. Dieses Kleinfleisch ergibt mit entsprechend ausgewählten Zutaten auch noch köstliche Pasteten und Terrinen.

Grundsätzlich kann gesagt werden, daß für Wildgerichte alle auch sonst üblichen Garmethoden angewandt werden. Das Fleisch wird wie üblich pariert, das heißt alles Überflüssige abgeschnitten, dann ganz kurz abgespült und sorgfältig mit Küchenkrepp trockengetupft. Daß alle verfärbten Stellen rund um Schußverletzungen sorgsam abgeschnitten werden, ist wohl selbstverständlich. Folgende Garmethoden empfinde ich als »wildgerecht«, weil sie gute Ergebnisse liefern:

Grillen: Dazu eignet sich nur zartes Wildbret in nicht zu dicken Stücken und junges Federwild.

Braten: Große Wildstücke brät man wie anderes Fleisch im Backofen, kleinere Stücke wie Medaillons, Nüßchen, Steaks, Koteletts, Rippchen, Geschnetzeltes werden in reichlich Butter in der Bratpfanne auf dem Herd zubereitet.

Garen im Tontopf: Das Schmoren von Wild im eigenen Saft ergibt ein besonders arttypisches Aroma. Besonders geeignet ist der Tontopf für Wildgeflügel.

Garen im Metallbräter: Durch diese Methode werden Saft und Eigenart des Wildfleischs besonders gut bewahrt und es bekommt außerdem die begehrte zarte Kruste. Besonders

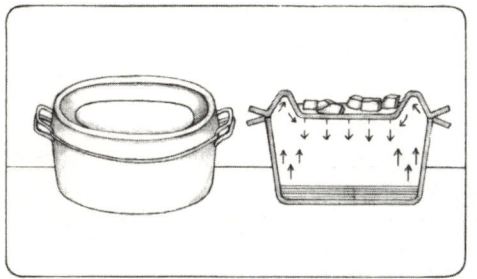

Auch ein solcher Schmortopf ist empfehlenswert, da durch das Eis im Deckel das Fleisch gleichmäßig mit Flüssigkeit versorgt wird.

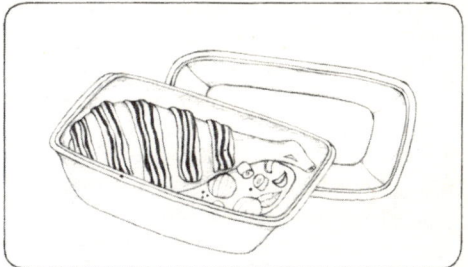

Das typische Aroma des Wildfleisches bleibt bei der Zubereitung im Tontopf oder Metallbräter mit Tropfeinsatz besonders gut erhalten.

günstig wirkt sich ein Modell mit porösem Tropfeinsatz im Deckel aus, der automatisch die Zufuhr von Brühe, Wein, Schnaps regelt.
Garen in Alufolie: Auch hier bleibt das Aroma gut erhalten. Gegen Ende der Garzeit sollte man die Folie öffnen, damit der Braten Farbe annehmen kann.
Garen in der Bratfolie (Bratbeutel): In der bis 250° C hitzebeständigen Kunststoffolie kann man einen aromatischen Braten bekommen. Vorteil: im Bratbeutel kann das Fleisch auch schon 1–3 Tage vorher mariniert werden.
Schmoren oder Dünsten im geschlossenen Topf auf dem Herd: Diese Methode eignet sich für kleinere Braten, Rouladen, Gulasch, Ragouts, Wildeintöpfe und Wildsuppen. Falls es sich bei dem Schmortopf um einen modernen Schnellkochtopf handelt, sind die Garzeiten auf $\frac{1}{3}$ verkürzt; durch den erhöhten Druck werden die Wildstücke schneller und besser weich und behalten durch den hermetischen Verschluß ihr herzhaftes Aroma und ihren typischen Geschmack.

Beizen oder Einlegen?

Feinschmecker lehnen es heute ab, Wildbret scharf zu beizen, weil das feine Aroma speziell des jungen Wilds dadurch leidet und zartes Fleisch trockener wird. Gut abgehangenes Wild braucht nicht gebeizt zu werden, es sei denn, man will es geschmacklich verändern. Wem zum Beispiel der frische Wildgeschmack zu streng ist, der kann es für kurze Zeit in eine milde Weinbeize oder in Milch legen oder es mit Öl und Gewürzen marinieren. Vor allem das Fleisch von älteren Tieren wie Reh, Hirsch, Hase, Wildschwein oder Gemse kann durch eine gute Weinbeize erheblich aromatischer und mürber werden. Milch läßt Wild milder schmecken und bewahrt das Fleisch, ebenso wie eine Ölmarinade, vor dem Austrocknen. Auch tranig schmeckendes Wildgeflügel sollte man 2 Tage in Milch legen, ebenso wie Wildleber gut eine »Milchbehandlung« verträgt.

Wir unterscheiden also zwischen dem Einlegen in Milch oder Öl und dem Beizen in Wein- oder Essigmarinade. In beiden Fällen

Mit einem Spickstab (Lardoire) werden trockene ▷
Fleischstücke mit Speckstreifen durchzogen, wie hier
die »Hirschkeule«. Rezept Seite 30.

sollten Zwiebeln, Wurzelgemüse und Gewürze zugefügt werden. Basis sind wahlweise Butter- oder Sauermilch, eventuell auch Voll- oder Magermilch, Pflanzenöl, Cognac oder ein anderer passender Branntwein, Rot- oder Weißwein, Apfelwein, Essig- oder Essigessenz. Reine Essigbeizen sind heute verpönt, man gibt höchstens etwas Essig zum Wein. Grundrezepte für Beizen und Marinaden finden Sie auf Seite 23.

Für das sogenannte »nasse Beizen« legt man das bratfertige Fleisch in ein hohes Steingut- oder Porzellangefäß, gießt Milch oder Marinade darüber, so daß das Fleisch völlig bedeckt ist, und läßt es 1–4 Tage in einem kühlen Kellerraum oder im etwas höher eingestellten Kühlschrank stehen. In dieser Zeit sollte man das Fleisch mehrmals wenden, die Milch nach 2 Tagen erneuern. Auch zur Buttermilch gibt man die typischen Beizgewürze Zwiebel, Lorbeerblatt, Pfefferkörner und Wacholderbeeren. In die Weinbeize kann man viel frische Kräuter geben. Beizen werden übrigens nicht gesalzen. Man gibt sie ungekocht oder gekocht, in jedem Fall aber kalt, über das Fleisch.

Die modernere Methode des »Trockenbeizens« ist das Marinieren mit Gewürzen, Öl und eventuell Cognac, das besonders für kleinere Fleischstücke, die kurz gebraten werden sollen, aber auch für englisch gebratene Rükken und Filets in Frage kommt. Man bestreicht die Fleischstücke mit Öl, bestreut sie mit Pfeffer und zerdrückten Wacholderbeeren, belegt sie mit Zitronenscheiben und gibt sie für einige Stunden, längstens 1–2 Tage, in Fettpapier eingerollt oder zugedeckt in einem Porzellangefäß, in den Kühlschrank. Das Fleisch jüngerer Tiere kann man auch, in ein mit Essig getränktes Tuch gehüllt, eventuell unter Beigabe von Wurzelgemüse und Ge-

würzen, 1–2 Tage in den Kühlschrank legen. Das Tuch wird täglich neu mit Essig befeuchtet. Bei dieser Methode des »Trockenbeizens« wird das Fleisch nicht ausgelaugt, sondern nur gut abgelagert und würzig mariniert.

Wenn Wildfleisch geschmort wird, sollte immer etwas Einlegflüssigkeit (Milch oder Beize) angegossen und während des Garens ständig nachgegossen werden. Das Fleisch bleibt so saftiger, und der in die Milch oder Beize gelangte Fleischsaft geht nicht verloren.

Typische Wildgewürze

Ohne Gewürze keine delikaten Gerichte – das gilt auch für das Kochen mit Wildbret. Allerdings muß das Würzen hier mit sehr viel Fingerspitzengefühl erfolgen, soll der feine, arttypische Wildgeschmack nicht übertönt werden. Besonders vorsichtig sollte man beispielsweise Rehfleisch würzen, während Hase oder Wildschwein kräftigeres Abschmecken vertragen. Für feines Wildbret eignen sich zum Beispiel frische Kräuter, vorsichtig dosiert, hervorragend.
Die Aufzählung auf Seite 19 der Gewürze und Würzkräuter, die man in der Wildküche vorrätig haben sollte, ist in diesem Umfang natürlich unvollständig, aber doch hilfreich.

Zum Abschmecken von Wildgerichten eignen sich ferner Weine, Schnäpse, Fruchtsäfte, Konfitüren, Nüsse. Auch mit Himbeer-, Sherry- oder Kräuteressig können Sie feine Geschmacksnuancen erzielen. Wagemutige würzen ihren Wildbraten sogar mit ein paar frischen Tannennadeln. Haben Sie also Mut zum kreativen Würzen Ihrer Wildgerichte!

◁ Für Liebhaber kurzgebratener Wildstücke sind die flambierten Hirschsteaks mit verschiedenen Saucen besonders zu empfehlen. Rezept Seite 31.

Füllungen	*Majoran, Muskat und Macis, Salbei*
Hase	*Estragon*
Hasenbraten	*Senf*
Innereien	*Salbei*
Kaninchen	*Estragon, Lavendel*
Marinaden	*Ingwerwurzel, Knoblauch, Koriander, Lorbeer, Nelke, Pfeffer schwarz und weiß, Piment, Sellerie, Senfkörner, Wacholderbeeren, Ysop, Zitronenschale und -saft, Zwiebel und Schalotte*
Wildpasteten	*Koriander, Kümmel, Lorbeer, Muskat und Macis, Nelke, Pilzpulver und getrocknete Pilze, Worcestersauce*
Wildbraten und Schmorgerichte	*Nelke, auf Zwiebel gespickt*
Wildente	*Beifuß*
Wildfüllungen	*Basilikum, Knoblauch*
Wildgans	*Beifuß*
Wildgeflügel	*Lorbeer, Orangenschale, Oregano, Paprikapulver, Salbei*
Wildgerichte aller Art	*Pfeffer, weiß und schwarz, Rosmarin, Thymian, Wacholderbeeren*
Wildgerichte französische Art	*Knoblauch*
Wildgerichte ungarische Art	*Paprikapulver*
Wildgerichte, feine	*Worcestersauce*
Wildgulasch	*Paprikapulver*
Wild, kurzgebraten	*Senf*
Wildragout	*Beifuß, Tabasco*
Wildsaucen	*Lorbeer, Orangenschale, Pfeffer grün, Pilzpulver, Pilze getrocknet, Sellerie, Senf, Zitronenschale und -saft, Zwiebel und Schalotte*
Wildschwein	*Beifuß, Cayennepfeffer, Kümmel*
Wildsuppen	*Lorbeer, Sellerie, Tabasco*

Selbstverständlich gibt es auch gebrauchsfertige Gewürzmischungen für Wildbeizen und Wildpasteten zu kaufen. Ich ziehe allerdings mein Selbstgemixtes vor. Hier ist es:

Wildpastetengewürz

Je 15 g schwarzer Pfeffer und Piment · je 5 g Thymian und Nelken · 1 großes Lorbeerblatt

Alle Gewürze im Mörser gut zerstoßen oder in der Mühle feinmahlen. Gut mischen und luftdicht abfüllen. Auf 1000 g Pastetenfleischmasse 1 Eßlöffel dieser Gewürzmischung nehmen.

Muß Spicken sein?

Beim Spicken scheiden sich wie beim Abhängen die Geister der Wildköche. Von vielen modernen Köchen wird das Spicken wegen des damit verbundenen Saftverlusts abgelehnt. Als Alternative bietet sich das Umwikkeln der Wildstücke mit Speckscheiben (Bardieren) an, durch das Wild und Wildgeflügel vor dem Austrocknen geschützt werden. Außerdem sollte man Wild grundsätzlich mit reichlich Fett (ausgelassenem Speck, Butter, gehärtetem Pflanzenfett oder Öl) zubereiten.

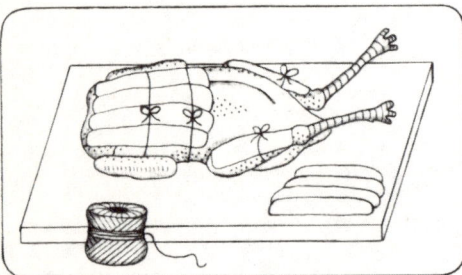

Wildgeflügel, dessen Fleisch einen geringen Fettanteil hat, wird mit dünnen Speckscheiben umwickelt.

Wer Angst vor den zusätzlichen Joule/Kalorien hat, kann den Speck vor dem Servieren entfernen und den Bratfond entfetten. Besonders gut passen gesalzener, luftgetrockneter Speck und Butter geschmacklich zu Wild. Andere Möglichkeiten, einen Braten saftiger zu machen, sind im Abschnitt »Wildgerechte Garmethoden« (Seite 14) erwähnt worden.

Doch zurück zum Spickvorgang. »Spicken« heißt, das Fleisch gleichmäßig und reichlich mit dünnen Streifen von Speck zu durchziehen. Dazu schneidet man den Speck in Streifen von 1–1½ cm Dicke und läßt sie im Kühlschrank sehr kalt werden. Das erleichtert die Verarbeitung. Jeweils ein Speckstreifen wird in die aufklappbare Spicknadel gelegt und etwa 1 cm tief unter die Haut gezogen. Anfang und Ende des Speckstreifens sollten aus dem Fleisch herausschauen (Zeichnung). Nun spickt man gleichmäßig und dicht im Abstand von etwa 3 cm. Bei Reh- und Hasenrücken wird nur die Oberfläche gespickt. Für größere Bratenstücke, zum Beispiel Keulen, nimmt man eine möglichst lange Nadel, beziehungsweise einen Spickstab (Lardoire), und spickt tief, mit dem Faserlauf oder schräg dazu – nicht quer zur Faser, sonst fallen die Speckstreifen beim Aufschneiden des Bratens heraus.

Wer nicht spicken möchte, wählt das »Bardieren«. Es bedeutet das Umwickeln von Fleisch oder Geflügel mit dünnen Speckscheiben (»Speckhemdchen«). Vorher sollte man den Reh- oder Hasenrücken in rauchheißem Fett anbraten oder mit heißem Fett übergießen, damit sich eine leichte Kruste bildet. Dann belegt man ihn dicht mit hauchdünnen Scheiben von Speck. Ebenso bedeckt man Wildgeflügel schuppenförmig mit dünnen Speckscheiben und bindet dieses »Speckhemd« über der Brust fest (Zeichnung). Danach wird das Geflügel »dressiert«, das heißt, Füße und Keulen werden an den Körper gebunden (Zeichnung). Falls Wildgeflügel im Grill gebraten wird, ist das Bardieren nicht erforderlich, da beim Infrarotgrillen das Fleisch saftiger bleibt.

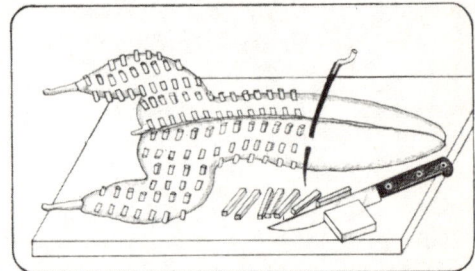

Mageres Wildfleisch wird gespickt, das heißt, je nach Fleischteil mit kurzen oder langen Speckstreifen durchzogen.

Tranchieren und Anrichten

Wenn der Wildbraten appetitlich duftend aus dem Backofen kommt, muß er zunächst kunstgerecht zerlegt und dann hübsch angerichtet und garniert werden. Vor dem Anschneiden sollte er mindestens 10–15 Minuten im Backofeneingang ruhen, damit sich der Fleischsaft in den Fasern verteilt und beim Anschneiden nicht herausläuft. Wer fürchtet, daß der Braten austrocknen könnte, wickelt ihn in Alufolie. Danach wird er auf ein Tranchierbrett mit Saftrinne gelegt und grundsätzlich quer zur Faser aufgeschnitten.

Tranchieren einer Keule: Bei Reh- oder Hirschkeulen schneidet man entlang dem Knochen zunächst die seitlichen Fleischteile ab, zuletzt das Fleisch von der Kugel, und schneidet dann alle Teile in schräge Scheiben (Zeichnung). Zum Servieren setzt man die Teile wieder zusammen.

Tranchieren eines Rückens: Man schneidet zunächst mit dem Messer auf beiden Seiten am Rückgrat entlang ein, löst die beiden Fleischstreifen – die Filets – sorgsam vom Knochen und schneidet sie in schräge Scheiben (Zeichnung). Danach legt man sie wieder auf den Knochen zurück oder serviert sie ohne Knochen. Man kann den Reh- oder Hirschrücken aber auch genauso gut mit dem Knochen in 4–6 Stücke schneiden und so servieren.

Tranchieren von Hasen und Kaninchen: Bei diesen Braten schneidet man zuerst die Beine ab, löst dann die Filets wie beim Rehrücken heraus (siehe nebenstehende Zeichnung), schneidet sie in schräge Scheiben und legt diese zum Servieren auf das Knochengerüst zurück.

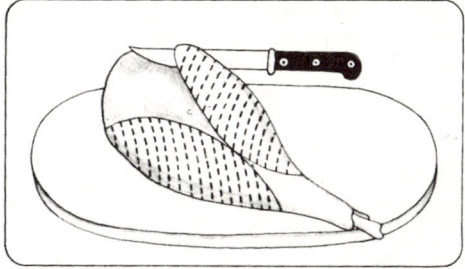

Von Keulen werden zunächst die seitlichen Fleischteile abgeschnitten, dann trennt man das Fleisch von der Kugel.

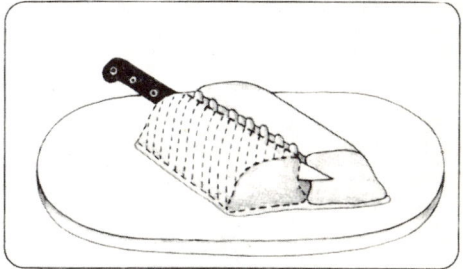

Die Filets werden sorgfältig vom Rückenknochen gelöst und dann mit einem scharfen Messer in schräge Scheiben geschnitten.

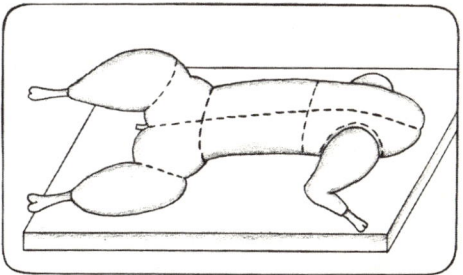

Die tranchierten Hasen- oder Kaninchenteile werden zum Servieren wieder zurück auf das Knochengerüst gelegt.

Tranchieren von Wildgeflügel: Kleines Wildgeflügel (Wachteln, Krammetsvögel) serviert
man im ganzen. Größeres Wildgeflügel (Rebhuhn, Haselhuhn, Wildtaube) richtet man
ganz oder mit der Geflügelschere halbiert an.
Bei Vögeln, die im ganzen serviert werden,
schneidet man in Restaurants die Beine nicht
ab, um zu zeigen, daß es sich um ein junges
Tier handelt. Im Haushalt jedoch kann man
die »Ständer« (Beine) ruhig stutzen. Großes
Wildgeflügel (Fasan, Auerhahn, Birkhahn,
Wildente und -gans) teilt man nach dem Braten in mehrere Tranchen. Zunächst trennt
man Flügelknochen und Keulen ab, dann
schneidet man das Fleisch an beiden Seiten
des Brustbeins entlang ein und teilt es anschließend schräg in Portionsstücke. Schließlich schneidet man auch die Keulen in zwei
Stücke. Den tranchierten Vogel kann man
dann auf vorgewärmter Platte wieder zusam-
mensetzen und auf einem Rechaud bis zum
Servieren warm halten.

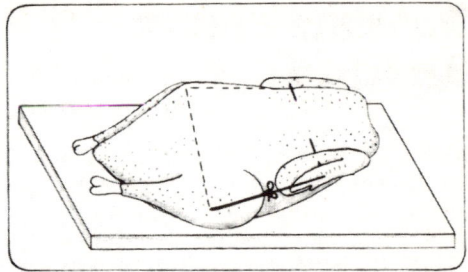

Flügel und Beine werden mit Holzspießchen (Zahnstocher) am Körper befestigt.

gerichten mit Wild spielt zudem das hübsche
Anrichten und Garnieren eine große Rolle.
Vorschläge für Wildgarnituren finden Sie auf
Seite 61. Bedenken Sie, daß auch die Augen
mitessen!

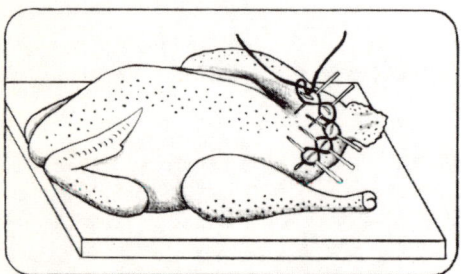

Zum »Dressieren« von Wildgeflügel gehört unter
anderem, daß alle Körperöffnungen zugenäht
werden.

  Wild und Wildgeflügel sollte immer sehr
heiß serviert werden. Deshalb sind Rechaud
oder Warmhalteplatte und Platzteller bei
Wildessen sehr zu empfehlen. Besonders bei
festlichen Wildbraten, aber auch bei Teller-

Beizen und Marinaden

Wie wichtig das Beizen und Marinieren von Wildbret unter Umständen sein kann, habe ich schon auf Seite 15 erklärt. In erster Linie dient es dazu, Wildfleisch von älteren Tieren mürbe zu machen und geschmacklich günstig zu beeinflussen. Im folgenden finden Sie einige erprobte Grundrezepte zum »nassen« und »trockenen« Beizen von Wild. Für zarte Rücken oder Filetsteaks genügt es, sie einfach mit Salz und Pfeffer einzureiben, in Öl zu wenden und sie 2–3 Stunden in den Kühlschrank zu legen. Wild, das kurz gebraten werden soll, kann man auch statt mit Salz mit Fleischzartmacher (Mürber) aus Bestandteilen der Papayafrucht bestreuen, wie man ihn beispielsweise für Rindersteaks verwendet. Keulen, Schulterstücke und Kleinfleisch, teilweise auch Innereien, legt man hingegen in eine der folgenden Marinaden, falls nicht im Rezept eine besondere Beize angegeben ist.

Buttermilchbeize

Zutaten für etwa 1000 g Fleisch:
4 zerdrückte Wacholderbeeren · 6 weiße Pfefferkörner · 2 Pimentkörner · 1 Lorbeerblatt · 2 Eßl. Essig oder mehrere Zitronenscheiben (Schale chemisch nicht behandelt) · 1 l Buttermilch
Insgesamt etwa 1549 Joule/370 Kalorien

● Zubereitungszeit: 5 Minuten

So wird's gemacht: Das Fleisch in eine Schüssel legen, die Gewürze und die Zitronenscheiben darauflegen oder den Essig darübergießen sowie die Buttermilch. Zugedeckt kühl stellen und 1–3 Tage marinieren lassen, zwischendurch das Fleisch mehrmals wenden.

Rotweinbeize

Zutaten für etwa 1000 g Fleisch:
4 mittelgroße Zwiebeln · 2 kleine Möhren (Karotten) · 1 Stange Porree oder 1 Petersilienwurzel · ¼ Sellerieknolle · 1 Lorbeerblatt · 8 Wacholderbeeren · 10 weiße Pfefferkörner · ½ Teel. Korianderkörner · 3 Nelken · ¾ l Rotwein · ¼ l Weinessig · wenn vorhanden, je 1 frischer Zweig Petersilie, Rosmarin und Thymian sowie 1 Salbeiblatt · 1–3 Knoblauchzehen, falls erwünscht
Insgesamt etwa 3181 Joule/760 Kalorien

● Zubereitungszeit: 30 Minuten

So wird's gemacht: Die Zwiebeln schälen, die Möhren abschaben, die Porreestange oder Petersilienwurzel putzen, alles in feine Scheiben schneiden. Die Sellerieknolle schälen und in Streifen schneiden. • Dieses Mirepoix zusammen mit den Gewürzen in einen Topf geben, Rotwein und Essig darübergießen, eventuell die frischen Kräuter, die geschälten, gehackten Knoblauchzehen hinzufügen und alles zum Kochen bringen. Gut durchkochen, dann abkühlen lassen. Über das vorbereitete Fleisch gießen und dies zugedeckt 1–3 Tage beizen lassen, zwischendurch mehrmals wenden.

Mein Tip Verwenden Sie für Wildbeizen und -marinaden möglichst trockene Rot- oder Weißweine. Weißweinbeizen eignen sich besonders gut für Kaninchen und für Wildgeflügel.

Wein-Öl-Marinade

Zutaten für etwa 1000 g Fleisch:
³/₄ l Rotwein · ¹/₄ l gutes Pflanzenöl (oder
³/₄ l Weißwein · ¹/₈ l Weinessig · ¹/₁₆ l gutes
Pflanzenöl) · Mirepoix wie bei Rotweinbeize ·
6 Wacholderbeeren · 8 weiße Pfefferkörner ·
2 Nelken · 1 Lorbeerblatt · Thymian, Majoran
oder Estragon (frisch oder getrocknet) ·
eventuell 1–2 Knoblauchzehen
Pro Person etwa 12223 Joule/2920 Kalorien

● Zubereitungszeit: 20 Minuten

So wird's gemacht: Den Wein mit dem Öl
und eventuell dem Essig verrühren • Das Gemüse putzen und in feine Scheiben oder Streifen schneiden. • Das Fleisch in einen Topf legen, das Gemüse und die Gewürze darüberstreuen und das Weingemisch darübergießen.
Zugedeckt 2–3 Tage marinieren lassen, zwischendurch das Fleisch mehrmals wenden.

Trockene Beize

Zutaten für etwa 1000 g Fleisch:
¹/₈ l gutes Pflanzenöl · 1 Glas (2 cl) Cognac
oder Weinbrand · frische oder getrocknete
Küchenkräuter wie Dill, Basilikum,
Bohnenkraut, Salbei, Thymian, Rosmarin,
Majoran · einige Wacholderbeeren · etwas
weißer Pfeffer, frisch gemahlen
Pro Person etwa 5107 Joule/1220 Kalorien

● Zubereitungszeit: 15 Minuten

So wird's gemacht: Das Öl mit dem Cognac
verrühren. Die frischen Kräuter feinschnei-

den, die getrockneten Kräuter zerreiben, zer-
mahlen oder im Mörser zerstoßen. • Das vorbereitete Fleisch mit den Kräutern bestreuen,
mit dem Ölgemisch einpinseln, mit den zerdrückten Wacholderbeeren sowie dem Pfeffer
würzen, in Alufolie oder in Fettpapier einschlagen und 1–2 Tage in den Kühlschrank
legen.

Für trockene Beizen können Kräuter und Gewürze
im Mörser aus Glas oder Porzellan zerstoßen oder
zerdrückt werden.

Variante: Anstelle der Kräuter kann man
auch Mirepoix (kleingeschnittenes Suppengemüse, s. auch Rotweinbeize) mit einschlagen.

24

Köstliches von Reh und Co.

Ob gebraten oder geschmort, als zartes, saftiges Rückenstück, butterweiches, würziges Ragout oder feine Pastete – Rehfleisch ist unser begehrtestes Wildbret und steht heute, dank sorgsamer Hege der Wildbestände, in ausreichender Menge zur Verfügung, um alle Wünsche der Wildfreunde zu erfüllen. Das erlesenste Fleisch weisen Tiere auf, die nicht älter als 3 Jahre sind, und zwar in der Reihenfolge Rücken, Keule und Schulter. Exquisit ist die Rehleber. Auch beim Hirsch, dem »König des Waldes«, liefern die »Teenager«, nämlich Spießer und Schmaltiere bis zum zweiten Lebensjahr, die besten, zartesten Braten, wobei man wiederum dem Rücken und der Keule vor allem anderen den Vorzug geben muß. Fleisch von älteren Tieren sollte wegen des oft strengen Wildgeschmacks gebeizt und dann geschmort werden. Spicken oder die Zugabe von Speck ist beim Hirschfleisch besonders wichtig. Zu den Hirscharten gehören auch Elch und Rentier, deren Fleisch ähnlich wie Hirschfleisch zubereitet wird. Renfleisch ist zart, saftig und aromatisch, auch schneller weich als Hirschfleisch. Besonders zart und würzig, also eine echte Delikatesse, ist das Fleisch der Saiga-Antilope aus den Weiten Rußlands, die unser heimisches Reh im Wohlgeschmack noch übertrifft. Fleisch von Ren, Elch und Antilope kommt übrigens fast immer portioniert und tiefgekühlt in den Handel.

Ähnliches gilt für das Fleisch junger Gemsen bis zu einem Jahr: die Alpenkräuter, von denen sie sich vorwiegend ernähren, geben ihm ganz besonderes Aroma. Ältere Gemsen hingegen können leicht »bockig« schmecken. Mufflons gleichen den Gemsen im Geschmack. Die Zubereitung entspricht der von Rehfleisch; ältere Tiere müssen gebeizt werden.

Rehrücken

Bild Titelseite

Krönung aller Wildbraten und Mittelpunkt festlicher Mahlzeiten ist der Rehrücken. Das zarte Rückenfilet hat eine besonders kurze Garzeit.

Zutaten für 6–8 Personen:
1 Rehrücken (etwa 1500–2000 g) ·
150 g luftgetrockneter Speck · Öl · Salz ·
weißer Pfeffer, frisch gemahlen · 5 zerdrückte
Wacholderbeeren · 1 Teel. getrockneter
Thymian · 100 g Butter · ¼ l Fleischbrühe ·
1 große Zwiebel · 2 Möhren (Karotten) ·
¼ Sellerieknolle · 1 Petersilienwurzel ·
⅛ l Weißwein (Riesling oder trockener
Bordeaux) · 1 Eßl. scharfer Senf · 2 Eßl.
Johannisbeergelee · 20 g eiskalte Butter · nach
Belieben noch etwas saure Sahne · Für die
Garnitur: wahlweise halbe Ananasscheiben ·
Weintraubenbeeren · Kiwischeiben ·
Ingwerbirnen (Rezept Seite 65) · gedünstete
Pfifferlinge
Pro Person etwa 2469 Joule/590 Kalorien
bei 7 Portionen

- Zubereitungszeit: 90 Minuten
- Marinierzeit: 2–4 Stunden

So wird's gemacht: Den sorgfältig gehäuteten, küchenfertigen Rehrücken waschen, trockentupfen und mit dem in Streifen geschnittenen Speck gleichmäßig spicken (Anleitung Seite 19) oder mit dünnen Speckscheiben umwickeln. • In einer kleinen Schüssel einige Eßlöffel Öl mit Salz, Pfeffer, den Wacholderbeeren und dem zerriebenen Thymian mischen, den Rehrücken damit großzügig einpinseln, in Alufolie einpacken und

2–4 Stunden in den Kühlschrank legen. •
Dann einen Metallspieß durch den Rückenknochen schieben, damit der Rehrücken sich
während des Bratens nicht krümmt. • Den
Backofen auf 200 °C vorheizen. 50 g Butter in
einer großen Bratpfanne zerlaufen lassen, den
Rücken mit der gespickten Seite nach oben
einlegen und bei starker Hitze anbraten. Die
restliche Butter in einer zweiten Pfanne sehr
heiß werden lassen und schnell über das
Fleisch gießen, damit sich die Poren schlie
ßen. Den Braten nun in den vorgeheizten
Backofen geben und 45 Minuten braten, dabei öfters mit etwas Fleischbrühe und dem
Bratenfond begießen. Den Braten dann herausnehmen, durch Bestreichen mit Bratfond
noch etwas »glasieren«. Dann wieder in Alufolie einschlagen und warm stellen. • In den
Bratfond die geschälte, zerkleinerte Zwiebel,
das geputzte, zerkleinerte Suppengemüse geben und anrösten, mit der restlichen Fleischbrühe und dem Weißwein aufgießen und
20 Minuten kochen lassen. • Die Sauce dann
absieben, mit dem Senf und dem Johannisbeergelee, eventuell auch mit Salz und Pfeffer
abschmecken und mit der Butter binden.
Falls erwünscht, die Sauce noch mit etwas
saurer Sahne verfeinern. • Nun den Braten
auswickeln, die Rückenfilets mit einem scharfen Messer von den Rippen lösen, in schräge
Scheiben schneiden und wieder auf den Knochen zurücklegen. Den Braten mit den angegebenen Zutaten nach Belieben garnieren,
die Sauce gesondert dazu reichen.

Das paßt dazu: Kartoffelkroketten, Brokkoli
oder Rotkohl, Preiselbeerkompott. Als Getränk ein roter Bordeaux. Falls der Rehrükken kalt als Bestandteil eines Buffets serviert
wird, stellt man Cumberlandsauce und frisches Stangenweißbrot dazu.

Variante: Der Bratfond kann auch mit Brühe
allein gelöst und »natur« zum Rehrücken serviert werden. Oder man verfeinert ihn mit etwas Weinbrand und Hagebuttenmarmelade.

Bündner Rehpfeffer

Küchenmeister Herbert Goller, Inhaber des
Nürnberger Sterne-Lokals »Waffenschmied«,
verriet mir sein Spezialrezept für Wildpfeffer.
Hier wird das Fleisch ausnahmsweise lange
gebeizt. Man muß viel Geduld und Sorgfalt
für das Gericht aufwenden, aber es lohnt sich!

*750–1000 g Schulterfleisch vom Reh ·
200 g Mirepoix (Suppengemüse, bestehend aus
3 Teilen Zwiebeln, 1 Teil Möhren (Karotten)
und 1 Teil Sellerie) · 2 Knoblauchzehen ·
2 l Rotwein · 1/4 l Obstessig · 2 Lorbeerblätter ·
6 Nelken · 8 Pimentkörner · 1 Teel.
Korianderkörner · 10 Wacholderbeeren ·
1 Zweig frischer oder 1 Teel. getrockneter
Thymian · reichlich Öl · Salz · 1 Teel.
edelsüßes Paprikapulver · 1/4 l Schweineblut
(vom Metzger) · Cognac, Portwein oder
Sherry zum Abschmecken · eventuell noch
etwas Essig und Pfeffer*
Pro Person etwa 3663 Joule/875 Kalorien

● Zubereitungszeit: 90 Minuten
● Marinierzeit: bis zu 1 Woche

So wird's gemacht: Das Rehfleisch sorgfältig
mit einem scharfen Messer enthäuten, waschen, trockentupfen und in Würfel schneiden, in ein Gefäß geben. Das Gemüse putzen
und kleinschneiden. Die Knoblauchzehen
schälen und feinhacken. • 1 l Rotwein mit
dem Obstessig, der Hälfte des Gemüse und

◁ Das »Hasenfilet mit Backpflaumen und Äpfeln« schmeckt durch die vielen Gewürze besonders raffiniert. Rezept Seite 42.

mit allen Gewürzen einmal aufkochen und abkühlen lassen, dann über das Fleisch gießen. In dieser Beize das Fleisch an einem sehr kühlen Ort oder im Kühlschrank bis zu 1 Woche liegen lassen. • Die Beize dann abgießen und auffangen, das Fleisch abtropfen lassen. Das dauert 2–3 Stunden, da das Fleisch mit der Beize vollgesogen ist. • Öl in einer Pfanne stark erhitzen und das Fleisch darin scharf anbraten, dabei leicht salzen. • Die Beize klären, das heißt bei geringer Hitze aufkochen und dann durch ein Tuch abgießen. • In einem Schmortopf Öl erhitzen und die 2. Hälfte des Suppengemüses darin anrösten. Das angebratene Fleisch dazugeben und unter Rühren noch mehr Farbe annehmen lassen. Dann mit $1/4$ l Rotwein aufgießen, etwas geklärte Beize dazugießen, die andere Hälfte der Gewürze sowie das Paprikapulver dazugeben und das Ragout in etwa 60–70 Minuten weichschmoren. • Sobald es weich ist, das Fleisch stückweise mit der Fleischgabel herausnehmen, auf einen vorgewärmten Teller legen und mit einem nassen Tuch bedeckt liegen lassen. Den Saucenfond durch ein Tuch absieben. Auch das Schweineblut durch ein Sieb gießen. • Nun die Sauce zum Kochen bringen und unter ständigem Rühren das Blut nach und nach schöpflöffelweise dazugeben, bis die Sauce glatt, glänzend und dicklich ist. Sie soll nicht mehr kochen. Mit Cognac, Portwein oder Sherry und eventuell noch etwas Essig abschmecken. • Das Fleisch inzwischen in dem restlichen Rotwein heiß machen, dann erst zur Sauce geben. Mit Salz und Pfeffer abschmecken.

Das paßt dazu: als Garnitur Silberzwiebeln, in der Pfanne blanchierte Speckstreifen, gefüllte Champignonköpfe, Preiselbeerkompott, sowie in Würfeln in der Pfanne geröstete Polenta (Rezept Seite 64), Spätzle oder Knöpfle. Als Getränk ein vollmundiger Burgunder.

Mein Tip Wenn Sie kein Schweineblut bekommen können, so verwenden Sie zum Binden der Sauce im Backofen gebräuntes Mehl oder Saucenlebkuchen.

Rehmedaillons »Lukull«

Aus dem Filet, dem edelsten Teil vom Reh, werden die begehrten Medaillons geschnitten. Obwohl Feinschmecker sie nur kurz und »rosa« gebraten lieben, müssen sie aus gesundheitlichen Gründen durchgegart werden.

8 Rehmedaillons (je etwa 80 g) · Salz · schwarzer Pfeffer, frisch gemahlen · scharfer Senf · 75 g Butter · 1 Eßl. Mehl · 1 Glas (2 cl) Armagnac · etwas Fleisch- oder Wildbrühe · 4 Eßl. Crème fraîche
Für die Garnierung: 8 kleine Scheiben Gänseleberpastete (Dose) oder 8 Aprikosenhälften (Dose) oder 2 geschälte, in Scheiben geschnittene Kiwis · etwas Preiselbeerkonfitüre
Pro Person etwa 1925 Joule/460 Kalorien

● Zubereitungszeit: 25 Minuten

So wird's gemacht: Die Rehmedaillons abspülen, trockentupfen und beidseitig mit Salz, Pfeffer und einer Spur Senf würzen. • Die

Butter in einer eisernen Pfanne erhitzen und die Medaillons darin auf jeder Seite etwa 3 Minuten braten, dann auf einer Platte warm stellen. • Das Mehl in den Bratfond geben und verrühren, mit dem Armagnac und eventuell etwas Fleischbrühe ablöschen, kurz durchkochen lassen und dann mit Crème fraîche verfeinern. • Die Medaillons nun garnieren: entweder mit je 1 Scheibe Gänseleberpastete und 1 Tupfer Preiselbeerkonfitüre oder mit je 1 Aprikosenhälfte, mit Preiselbeerkonfitüre gefüllt, oder mit je 1 Kiwischeibe. Die Sauce gesondert dazu reichen.

Das paßt dazu: Mandel-Kartoffelbällchen, gedünstete Pfifferlinge. Als Getränk ein Blauer Burgunder.

Variante: Den Bratfond mit Madeira und etwas Orangensaft aufgießen, die Medaillons dann mit Orangenscheiben garnieren oder auf die Gänseleberpastete einen Tupfer Orangenkonfitüre geben.

Gespickte Hirschkeule

Bild Seite 17

Eine »ausgewachsene« Hirschkeule mit Knochen wiegt 3–9 Kilogramm. Deshalb kauft man für einen Vier-Personen-Haushalt besser eine ausgelöste Keule; am zartesten und delikatesten ist sie vom Hirschkalb.

Zutaten für 6 Personen:
1 ausgelöste Hirschkalbskeule (etwa 1500 g) ·
1 Knoblauchzehe · 1 Flasche (0,7 l) trockener
Rotwein · 4 Eßl. Öl · 4 Pimentkörner ·
5 Wacholderbeeren · 3 Lorbeerblätter ·
1 Zweig Thymian · 100 g luftgetrockneter
Speck · 1 große Zwiebel · 2 Möhren
(Karotten) · 1 Stück Sellerieknolle ·
100 g Tomaten · Salz · weißer Pfeffer,
frisch gemahlen · 4 Eßl. Butterschmalz
oder gehärtetes Pflanzenfett ·
¼ l süße Sahne · 1 Eßl. geriebener
Saucenlebkuchen · 7 Eßl. Preiselbeerkompott ·
1 Glas (2 cl) Weinbrand · 6 halbe
Williamsbirnen (Dose)
Pro Person etwa 5818 Joule/1390 Kalorien
● Zubereitungszeit: 2 Stunden 10 Minuten
● Marinierzeit: 2–3 Tage

So wird's gemacht: Die enthäutete, küchenfertige Keule waschen und trockentupfen. Die Knoblauchzehe schälen und halbieren. • Die Keule in einen Topf geben, den Rotwein und das Öl darübergießen und die Gewürze mit dem Knoblauch dazugeben. Die Keule in dieser Beize zugedeckt 2–3 Tage durchziehen lassen, dabei mehrfach wenden. • Dann die Gewürze entfernen und die Keule trockentupfen. Die Beize aufbewahren. Den Speck in Streifen schneiden, die Zwiebel schälen und in Stücke schneiden, das Gemüse waschen, putzen und kleinschneiden. Die Tomaten häuten und in Achtel schneiden. • Den Backofen auf 220 °C vorheizen. Die Keule mit dem Speck spicken (Anleitung Seite 19), mit Salz und Pfeffer einreiben und in einem großen Bräter in dem heißen Schmalz oder Fett bei starker Hitze rundherum anbraten. Die Zwiebel und das Gemüse mit anrösten. Schließlich die Tomaten dazugeben, etwas von der Beize aufgießen und die Keule im vorgeheizten Backofen bei 220 °C/Gas Stufe 4 zugedeckt etwa 90 Minuten schmoren lassen. Zwischendurch immer wieder mit Beize und Bratflüssigkeit begießen. • Das Fleisch herausnehmen und warm stellen. Den Schmorfond absieben. • Die Sahne mit dem Saucenlebkuchen verrühren, zum Schmorfond geben und einige Minuten kochen lassen. Zuletzt 1 Eßlöffel Preiselbeeren in die Sauce geben. • Die übrigen Preiselbeeren mit dem Weinbrand verrühren, die Birnenhälften damit füllen und die aufgeschnittene Keule damit garnieren. Die Sauce gesondert dazu reichen.

Das paßt dazu: Kartoffelknödel oder Spätzle, gedünstete Pfifferlinge, Rotkohl (Blaukraut). Als Getränk ein trockener Rotwein.

Flambierte Hirschsteaks

Bild Seite 18

Feinschmecker bevorzugen heute oft kurzgebratene Wildstücke – ungebeizt, um den »Urgeschmack« des Fleisches nicht zu übertönen. Den besonderen Pfiff geben pikante Saucen. Das folgende Rezept kann auch mit Frischlingssteaks oder -koteletts gemacht werden.

4 Hirschsteaks (je etwa 150–175 g) ·
8 Wacholderbeeren · Salz · schwarzer Pfeffer,
frisch gemahlen · Öl · 75 g Butter oder
Butterschmalz · 2 Glas (4 cl) Genever oder
Gin · etwas Fleischbrühe und eventuell noch
1 Teel. Butter für die Sauce
Kirschsauce: 4 gehäufte Eßl. Sauerkirschen
(Glas) mit etwas Saft · 1 Eßl.
Kirschmarmelade · 4 Eßl. Crème fraîche
Apfel-Preiselbeer-Sauce: 4 Eßl. Apfelmus ·
2 Eßl. Preiselbeerkonfitüre · 2 Teel. scharfer

Das Aroma von Wacholderbeeren entfaltet sich besonders gut, wenn sie zerdrückt werden.

Senf · 1 Prise Zimt · 1 Prise Ingwerpulver ·
$^1/_8$ l cremig geschlagene süße Sahne
Russische Sauce: 1 große saure Gurke ·
$^1/_{10}$ l Weißwein · $^1/_{10}$ l Crème fraîche · 1 Prise
Cayennepfeffer
Pro Person: Steaks etwa 1716 Joule/410 Kalorien · Kirschsauce etwa 544 Joule/130 Kalorien · Apfel-Preiselbeer-Sauce etwa 565 Joule/135 Kalorien · Russische Sauce etwa 523 Joule/125 Kalorien

- ● Zubereitungszeit: 30 Minuten
- ● Marinierzeit: 6–24 Stunden

So wird's gemacht: Die Hirschsteaks abspülen, trockentupfen, leicht klopfen. Die Wacholderbeeren zerdrücken und die Steaks mit Salz und Pfeffer sowie mit den Wacholderbeeren einreiben. Mit Öl beträufeln und, in Alufolie oder Fettpapier eingeschlagen, 6–24 Stunden in den Kühlschrank legen. • Dann das Fett in der Pfanne erhitzen und die Steaks darin rasch auf beiden Seiten jeweils 3–4 Minuten braten. • Den Genever oder Gin erwärmen, über die Steaks gießen und anzünden. Wenn die Flamme erloschen ist, die Steaks herausnehmen und warm stellen.

Für die Saucen den Bratfond mit etwas Fleischbrühe lösen und aufkochen lassen, mit Butter verfeinern. Diese Grundsauce nun durch ein Sieb gießen und nach Belieben variieren.

Kirschsauce: Die Sauerkirschen mit Saft dazugeben und die Sauce etwas einkochen lassen, dann mit der Kirschmarmelade und der Crème fraîche abrunden.

Apfel-Preiselbeer-Sauce: Alle angegebenen Zutaten in den Bratfond rühren und noch etwas ziehen lassen.

Russische Sauce: Die saure Gurke schälen und in feine Streifen (Julienne) schneiden. Den Weißwein und die Crème fraîche zum Bratfond geben und etwas einkochen lassen. Mit Cayennepfeffer abschmecken und zuletzt die Gurkenstreifen unterrühren.

Das paßt dazu: Spätzle oder Knöpfle, Kroketten, gedämpfte Maronen. Als Getränk ein Verrenberger Lemberger.

Mein Tip Wenn Sie alle Saucen zubereiten wollen, dürfen Sie jeweils nur ein Drittel der Grundsauce verwenden.

Elchsteaks mit Morchelsauce

Elchsteaks und -schnitzel, aus Skandinavien importiert, sind in unseren Wildhandlungen keine Seltenheit mehr. Das tiefgefroren angebotene Fleisch ist heller als Hirschfleisch und nicht so intensiv im Geschmack, sollte also gut gewürzt werden.

4 Elchsteaks (je etwa 150–200 g) aus dem Filet · 8 Wacholderbeeren · 4 Eßl. Öl · 4 Eßl. Aquavit · Zitronenpfeffer · Salz · 75–100 g Butter oder Butterschmalz
Für die Sauce: 30 g getrocknete Morcheln · 2 Schalotten · 1 Eßl. Butter · 1 Eßl. Mehl · $^1/_4$ l süße Sahne · 2 Eßl. Portwein · 2 gehäufte Eßl. feingehackte frische Kräuter wie Petersilie, Estragon, Ysop
Pro Person etwa 3329 Joule/800 Kalorien

● Zubereitungszeit: 35 Minuten
● Marinierzeit: 3–6 Stunden

So wird's gemacht: Die vom Fett befreiten Elchsteaks nur ganz leicht klopfen. Die Wacholderbeeren zerdrücken. • Das Öl mit dem Aquavit, dem Zitronenpfeffer, den Wacholderbeeren und Salz verrühren und die Steaks darin wenden, dann in Alufolie einschlagen und 3–6 Stunden marinieren lassen. • Danach in einer Bratpfanne das Fett heiß werden lassen und die Steaks auf beiden Seiten braun braten, herausnehmen und warm stellen. • Für die Sauce die Morcheln in Wasser einweichen. • Die Schalotten schälen und feinhacken, die eingeweichten Morcheln ebenfalls. • Die Butter im Bratfond heiß werden lassen, die Schalotten und Morcheln darin andünsten. Das Mehl darüberstäuben und verrühren, dann mit der Sahne ablöschen. Die Sauce einmal aufkochen lassen, mit dem Portwein verfeinern, eventuell nachwürzen und die Kräuter unterrühren. Noch 5 Minuten ziehen lassen, dann die Elchsteaks mit etwas Sauce überziehen, die restliche Sauce gesondert dazu reichen.

Das paßt dazu: Kartoffel- oder Maronenpüree, Ebereschenkompott. Als Getränk ein herber Rotwein oder Bier und Aquavit.

Wildrouladen »St. Hubertus«

Aus dem Fleisch der Keule von Reh oder
Hirsch kann man nicht nur Schnitzel bereiten,
sondern auch sehr delikate Wildrouladen.

*4 Scheiben Wildfleisch (je 150 g) aus der
Keule · Salz · weißer Pfeffer, frisch
gemahlen · etwas Sardellenpaste ·
4 dünne Scheiben durchwachsener Speck ·
1 große Gewürzgurke · 1 Möhre (Karotte) ·
2–3 Zwiebeln · 2 Eßl. gehärtetes Pflanzenfett ·
$^1/_4$–$^1/_2$ l Fleischbrühe · 2 kleine Lorbeerblätter ·
$^1/_8$ l süße Sahne · 1 Eßl. Mehl · 2 Eßl. Madeira*
Pro Person etwa 2491 Joule/595 Kalorien

● Zubereitungszeit: 30 Minuten
● Garzeit: 60–70 Minuten
  (Schnellkochtopf: 20 Minuten)

So wird's gemacht: Das vorbereitete, gewaschene und trockengetupfte Fleisch vorsichtig
und zart klopfen, mit Salz, Pfeffer und Sardellenpaste würzen. Den Speck, die in längliche
Stücke geschnittene Gurke, die geputzte, der
Länge nach zerschnittene Möhre sowie 4 geschälte Zwiebelstücke darauf verteilen. Die
Rouladen aufrollen und mit Küchengarn umwickeln. • In einer Deckelpfanne (oder im
Schnellkochtopf oder in der Schnellbratpfanne) das Fett erhitzen und die Rouladen darin
von allen Seiten gut anbraten, die restlichen
geschälten und gehackten Zwiebeln mit anrösten. Mit heißer Fleischbrühe aufgießen, die
Lorbeerblätter zugeben und zugedeckt 60–70
Minuten garen (im Schnellkochtopf oder in
der Schnellbratpfanne: 20 Minuten). • Die
Lorbeerblätter entfernen, die Sauce mit dem

in der Sahne verrührten Mehl binden, mit
Madeira, Salz und Pfeffer abschmecken und
zu den Rouladen servieren.

Das paßt dazu: Kartoffelpüree oder Spätzle,
Rotkohl (Blaukraut) oder Rote-Bete-
Salat. Als Getränk ein Kadarka, wie »Erlauer
Stierblut«.

Wildbouillon

Aus Wildknochen und den Fleischabschnit-
ten, die beim Parieren (Herrichten) von Wildbraten abfallen, aber auch aus älterem, zähe-
rem Wild und Wildgeflügel können Sie eine
sehr schmackhafte Brühe kochen, die Sie entweder als Vorsuppe reichen oder als Grund-
brühe für Wildsaucen verwenden.

*500 g Wild- oder Wildgeflügelknochen und
-fleischabschnitte · 100 g Mirepoix (3 Teile
Zwiebeln, 1 Teil Möhren und 1 Teil Sellerie) ·
2 Eßl. Öl · 1 l Wasser · 1 Lorbeerblatt ·
10 weiße Pfefferkörner · 6 Wacholderbeeren ·
2 Nelken · Salz und Glutamat nach
Geschmack · eventuell 1 Schuß Sherry*
Pro Person etwa 586 Joule/140 Kalorien

● Zubereitungszeit: 15 Minuten
● Garzeit: 2 Stunden (Schnellkochtopf:
  35–40 Minuten)

So wird's gemacht: Die Knochen und
Fleischabschnitte kalt abspülen. Das Suppengemüse schälen oder putzen und kleinschneiden. • Das Öl im Kochtopf erhitzen, die Knochen und das Fleisch sowie das Gemüse darin

scharf anbraten. Mit 1 l Wasser aufgießen. Die Gewürze hinzugeben und 2 Stunden (im Schnellkochtopf: 35–40 Minuten) kochen lassen. • Dann die Suppe absieben, mit Salz und Glutamat abschmecken. Falls die Bouillon als Vorsuppe gereicht wird, eventuell mit Sherry abschmecken und mit einer passenden Einlage (Pilze, Spargelspitzen, Eierstich, Würfel von Wildfleisch) versehen.

Mein Tip Wenn Sie aus der Wildbouillon eine doppelte Wildkraftbrühe zubereiten wollen, sollten Sie 1 Liter davon mit 500 g durchgedrehtem Wild- oder Wildgeflügelfleisch und etwas Röstgemüse (Mirepoix) 1 Stunde simmern lassen, dann mit 1 Eiweiß klären, nach Belieben mit Rotwein, Madeira oder Sherry verfeinern und mit Cayennepfeffer abschmecken. Die Wildkraftbrühe wird in kleinen Suppentassen, mit feingehackter Petersilie oder Kresse bestreut, serviert. Feinschmecker mögen sie auch mit geschlagener Sahne, gewürzt mit etwas Curry.

Wildsuppe »Chasseur«

Für diese herzhafte Wildsuppe, die sich besonders gut als Partygericht eignet, verwende ich preiswertes Wildfleisch vom Reh, Hirsch oder Wildschwein.

500 g Wildfleisch (Gulasch) · 150 g durchwachsener Räucherspeck · 1 Stange Lauch ·
2 Möhren (Karotten) · 1 Stück Sellerieknolle · 1 Petersilienwurzel · 1 l Wildbouillon (Rezept Seite 33) oder Fleischbrühe · 1 Lorbeerblatt · 2 Nelken · 4 Pfefferkörner · 1 Eßl. Mehl · 1 Glas (15 cl) herber Rotwein · 2 Eßl. Preiselbeermarmelade · Salz · schwarzer Pfeffer, frisch gemahlen · eventuell Tabasco · 250 g frische Champignons und 1 Eßl. Butter (oder 250 g Champignons aus der Dose) · 1/8 l Schlagsahne · 1 Eßl. feingehackte Petersilie
Pro Person etwa 1883 Joule/450 Kalorien

- Zubereitungszeit: 40 Minuten
- Garzeit: 90 Minuten (Schnellkochtopf: 20 Minuten)

So wird's gemacht: Das küchenfertige Wildfleisch waschen, trockentupfen und in 2–3 cm große Würfel schneiden. Den Speck ebenfalls kleinwürfelig schneiden. Das Suppengemüse waschen, putzen und kleinschneiden. • In einem großen Kochtopf oder im Schnellkochtopf den Speck auslassen. Das Fleisch sowie das Suppengemüse dazu geben und kräftig anbraten. Mit der Brühe aufgießen. • Die ganzen Gewürze in ein Mullbeutelchen binden und in den Topf hängen. Bei geringer Hitze 90 Minuten (im Schnellkochtopf: 20 Minuten) kochen lassen. • Dann das Gewürzbeutelchen entfernen. • Das Mehl in etwas kaltem Wasser anrühren und die Suppe damit leicht binden. Mit dem Wein, der Preiselbeermarmelade sowie Salz und Pfeffer kräftig abschmecken. Falls die Suppe als Partysuppe serviert werden soll, eventuell mit einigen Tropfen Tabasco schärfen. • Schließlich die in der Zwischenzeit gesäuberten, halbierten und in Butter gedämpften (oder aus der Dose genommenen und abgetropften) Pilze in der Suppe heiß werden lassen. • Die Wildsuppe in Tassen füllen, auf jede Portion einen Klecks Schlagsahne geben und etwas gehackte Petersilie darüberstreuen. Sofort servieren.

Das paßt dazu: frisches Stangenweißbrot. Als Getränk Sherry oder Portwein.

Rehpastete

Diese Pastete in der Teigkruste kann ebenso in der Form wie auf dem Blech gebacken werden. Auch bei der Fleischfarce sind verschiedene Variationen möglich.

Zutaten für etwa 8 Personen:
Für den Teig: 500 g Mehl · 250 g Butter · 1 Ei · 1 Teel. Salz · 1 Messerspitze Zucker · eventuell 2–3 Eßl. Milch
Für die Farce: 500 g Rehfleisch · 250 g fetter grüner Speck · 400 g Kalbsbrät oder Kalbfleisch · 1 Teel. Salz · 1 Teel. grüner Pfeffer · je 1 kleiner Zweig Thymian, Rosmarin und Basilikum (oder je $^1/_2$ Teel. der getrockneten Kräuter) · 4 zerdrückte Wacholderbeeren · abgeriebene Schale von $^1/_2$ Zitrone (chemisch nicht behandelt) · 50 g geschälte grüne Pistazien · 1 Ei · 1 Glas (2 cl) Cognac oder Weinbrand · etwas süße Sahne · Einlage: 250 g gekochte gepökelte Rinderzunge · 1 Eigelb zum Bestreichen · Madeira- oder Portweingelee (Rezept Seite 49) Pro Person etwa 4519 Joule/1080 Kalorien

- Zubereitungszeit: 50 Minuten
- Ruhezeit: 2 Stunden
- Backzeit: 90 (50) Minuten

So wird's gemacht: Das Mehl auf ein Backbrett sieben, die weiche Butter in Flöckchen darauf verteilen, in die Mitte das Ei, das Salz und den Zucker geben. Mit den Händen zu einem geschmeidigen Teig kneten. Falls er zu fest ist, die Milch daruntermengen. Den Teig dann 2 Stunden im Kühlschrank ruhen lassen.
• Für die Füllung das von allen Häuten befreite, gesäuberte Wildfleisch zweimal durch den Fleischwolf drehen oder im Mixgerät zerkleinern, den grünen Speck mit durchdrehen. Falls kein fertiges Kalbsbrät erhältlich ist, das Kalbfleisch würfeln und mit 2–3 Eiswürfeln im Mixer pürieren. Das Salz, die Gewürze und Kräuter zusammen im Mörser zerstampfen und mit den ganzen Pistazien zum Fleisch geben. Alles vermengen, gleichzeitig das Ei, den Cognac und soviel Sahne mit darunterarbeiten, daß ein geschmeidiger Fleischteig entsteht. Die Rinderzunge in gleichmäßige Streifen von etwa $^1/_2$ cm schneiden. • Nun zwei Drittel des Pastetenteigs mit etwas Mehl 2–3 mm dick ausrollen. • Eine Kastenform aus Metall oder feuerfestem Ton mit Mehl ausstreuen (nicht ausfetten). Mit der Teigplatte auskleiden, diese an Wände und Boden der Form drücken und so abschneiden, daß der Teig noch 1 cm über den Rand hängt. Die Fleischfarce einfüllen und die Zungenstreifen in gleichmäßigen Abständen zwischen einzelne Teigschichten legen. Die Oberfläche der Farce glattstreichen. • Den Backofen auf 180 °C vorheizen. • Den Teigrand mit etwas verquirltem Eigelb bestreichen, eine Teigplatte darüberlegen und am Rand fest andrücken. Den restlichen Teig dünn ausrollen und beliebige Ornamente (Blätter, Blumen) ausstechen. Die Teigplatte ebenfalls mit Eigelb bestreichen und mit den Ornamenten verzieren. Diese mit dem restlichen Eigelb bestreichen. Als »Kamin« (zum Abzug des Dampfs aus der Pastete) in die Mitte der Pastete ein Loch von etwa 3 cm Durchmesser stechen. Aus

Alufolie ein passendes Röllchen formen und in diese Öffnung stecken. • Im vorgeheizten Backofen auf der mittleren Schiene etwa 90 Minuten bei 180 °C/Gas Stufe 2–3 backen. Gegen Ende der Backzeit den Kamin herausnehmen und prüfen, ob der austretende Fleischsaft klar ist (ein Zeichen, daß die Pastete gar ist). Da sich bei Pasteten im Teigmantel die Füllung gerne absetzt und ein Hohlraum zwischen Teigkruste und Fleisch entsteht, gießt man nach dem Backen Madeira- oder Portweingelee kurz vor dem Erstarren durch den »Kamin«. Danach die Pastete über Nacht ruhen lassen, erst dann anschneiden und als Vorspeise, Zwischengericht oder leichtes Abendessen servieren.

Das paßt dazu: Orangenreis (Rezept Seite 64) oder Waldorf-Salat, Cumberland-, Orangen-, Mango- oder eine andere fruchtige Sauce. Als Getränk serviert man einen spritzigen roten oder rosaroten Sekt, zum Beispiel »1977 Merdinger Attilafelsen« aus einem badischen Spätburgunder-Weißherbst.

Varianten: »Luxuriöser« wird die Pastete, wenn man anstelle von Pökelzunge Streifen von Entenstopfleber und Trüffel in die Fleischfarce legt. Auch 1–2 Rehfilets kann man als Einlage nehmen. Man brät sie in Butter rundherum an, wickelt sie in dünne Scheiben grünen Specks und gibt sie in die Mitte des Fleischteigs. So bleibt die Pastete besonders saftig. Schließlich kann man die Pastete auch auf dem Blech backen: Dazu drei Viertel des Mürbteigs 2–3 mm dick zu 2 Rechtecken ausrollen. Die Farce wie eine Strudelfüllung auf eines der Teigblätter streichen, das andere darauflegen, die Unterkanten festdrücken und mit dem Teigrad die Kanten rundherum gleichschneiden. Die Oberfläche mit Orna-

menten aus dem restlichen Teig verzieren und die Pastete auf dem Backblech, mit Eigelb bestrichen, bei 200 °C/Gas Stufe 3 etwa 50 Minuten backen.

Mein Tip Pasteten aus Wild oder Wildgeflügel eignen sich hervorragend als Vorspeise für ein festliches Essen oder zur Bewirtung von Gästen bei einer Abendeinladung. Man bäckt sie entweder in einer Teighülle in länglichen oder runden Blechformen oder auf dem Blech (siehe Variante). In eine mit Speck ausgekleidete Keramikform gefüllt, wird die Pastete zur »Terrine«. Eine dritte Möglichkeit ist die, zwischen Teighülle und Fleischfarce eine Speckschicht zu legen – die Füllung bleibt dann saftiger. Speck und Sahne als Zugabe zum Fleischteig sind nötig, weil das Fleisch von Wild oder Wildgeflügel zumeist sehr trocken ist. Die Zugabe von Eiern hingegen ist nicht unbedingt erforderlich. Für die Teigkruste verwendet man in der klassischen Küche Mürbeteig; im Haushalt kann man sich aber gut auch mit tiefgekühltem Blätterteig behelfen. Blätterteigpasteten schmecken warm gegessen am besten. Wichtig ist diffiziles Würzen, besonders wenn Sie frische Würzkräuter verwenden.

Schwarzwild für Feinschmecker

Die »Schwarzkittel«, wie die Wildschweine im Volksmund auch genannt werden, haben trotz ihres bedrohlichen Aussehens überraschend zartes, wohlschmeckendes Fleisch, wenn es sich nicht gerade um einen alten Keiler handelt, sondern um Frischlinge (Jungtiere) oder Überläufer (zweijährige Tiere). Von älteren Wildschweinen verwendet man, nach entsprechendem Beizen, meist nur die Keulen und – in der anspruchsvollen feinen Küche – auch den gefüllten Kopf als Mittelpunkt einer festlichen Tafel. Rücken, Keulen und Schultern junger Schweine schmecken am besten; delikat sind auch ihre Innereien. Alle Zubereitungsarten, die wir vom Hausschwein gewohnt sind, lassen sich auch auf Wildschweinfleisch anwenden, wenn man es nicht lieber wildgerecht wie Reh- oder Hirschfleisch behandelt. Frischlinge mit einem Gewicht bis zu 30 kg kann man übrigens mit der zarten Haut am Spieß braten, während ältere Tiere unbedingt abgeschwartet und zerwirkt werden müssen.

Wildschweinrücken »Gourmet«

Verwenden Sie für dieses delikate Gericht den Rücken eines jungen Wildschweins, eines Frischlings oder Überläufers. Er wird wie ein Rehrücken tranchiert.

Zutaten für 4–5 Personen:
10 Wacholderbeeren · 1000–1500 g Wildschweinrücken · 1 gestrichener Teel. Salz · 2 gestrichene Teel. edelsüßes Paprikapulver · 150 g durchwachsener Räucherspeck in dünnen Scheiben · 10 Nelken · 1 Tasse Öl ·

1 gestrichener Eßl. Mehl · $^1/_4$ l Apfelsaft · 4 Eßl. Preiselbeerkonfitüre · 4Eßl. Hagebuttenkonfitüre · $^1/_4$ l Wasser oder Fleischbrühe · schwarzer Pfeffer, frisch gemahlen
Pro Person etwa 3265 Joule/780 Kalorien

● Zubereitungszeit: 75–85 Minuten

So wird's gemacht: Die Wacholderbeeren, mit Wasser bedeckt, 5 Minuten quellen lassen. • Den Backofen auf 200 °C vorheizen. • Das Fleisch waschen, trockentupfen, von Sehnen befreien und mit dem Salz und dem Paprikapulver einreiben. Mit den Speckscheiben gleichmäßig bedecken und mit den Nelken feststecken. • Den Rücken auf den Bratenrost legen, das Öl in die Fettpfanne gießen und das Fleisch im Backofen etwa 45–50 Minuten braten, dabei häufig mit Bratfond begießen, aber nicht umdrehen. • Inzwischen das Mehl mit dem Apfelsaft verquirlen. • Sobald der Braten gar ist, herausnehmen und warm stellen. • Die Apfelsaftmischung mit dem Bratensatz verrühren. Diese Flüssigkeit in einen Topf gießen und auf der Herdplatte andicken lassen. Die beiden Konfitüren und soviel Wasser oder Fleischbrühe einrühren, bis eine sämige Sauce entsteht. • Den Braten aufschneiden (den Speck vorher entfernen) und das Fleisch bei Tisch mit Pfeffer bestreuen. Die Sauce gesondert dazu servieren.

Das paßt dazu: Kartoffelkroketten oder Semmelknödel, Rotkohl (Blaukraut), mit Preiselbeerkonfitüre gefüllte gedünstete Apfelhälften. Als Getränk ein kräftiger Rotwein, zum Beispiel ein Amselfelder aus Jugoslawien.

Frischlingskeule vom Spieß

Junge Wildschweine bis zu einem Jahr liefern zarte, magere Braten, die sich gut zum Grillen eignen – mit den richtigen Beilagen eine köstliche Mahlzeit!

Zutaten für 4–6 Personen:
1000 g Frischlingskeule · 1–2 Knoblauchzehen · scharfer Senf · schwarzer Pfeffer, frisch und grob gemahlen
Bei 5 Portionen pro Person etwa
753 Joule/180 Kalorien

● Zubereitungszeit: etwa 10 Minuten
● Grillzeit: etwa 60 Minuten

<u>So wird's gemacht:</u> Die Frischlingskeule vom Knochen lösen, enthäuten, kalt abspülen und trockentupfen. Die Knoblauchzehen schälen und zerdrücken. • Das Innere mit Senf bestreichen, mit Pfeffer und den zerdrückten Knoblauchzehen einreiben. Wie einen Rollschinken zusammenrollen und mit Küchengarn umwickeln. Auch von außen mit Pfeffer bestreuen. • In den Grillkorb legen oder am Drehspieß eines Elektrogrills befestigen und im vorgeheizten Gerät bei voller Heizleistung etwa 60 Minuten grillen.

<u>Das paßt dazu:</u> Salzkartoffeln oder Kartoffelkroketten, Rosenkohl oder süß-sauer mit Äpfeln und Rosinen zubereitetes Weißkraut. Als Getränk ein kräftiger roter Landwein oder Bier.

Schwarzwild mit Kirschsauce

Aus einem Kochbuch meiner Großmutter stammt dieses Rezept, das ich – in den Zutaten fast unverändert – auf moderne Art zubereite, weil mir die Geduld für stundenlanges Braten oft fehlt.

Zutaten für 4–5 Personen:
1000 g mageres Fleisch vom Wildschweinschlegel · 1 große Zwiebel · 3 Nelken · 2 Möhren (Karotten) · 1 Zitrone (chemisch nicht behandelt) · 40 g Butterschmalz · 1 Lorbeerblatt · Salz · schwarzer Pfeffer, frisch gemahlen · 1/4 l Fleischbrühe · 20 g Butter · altbackenes Bauernbrot · 1 Teel. Zucker · 1 Messerspitze Zimtpulver Für die Sauce: 250 g Sauerkirschen · 1 Stückchen Weißbrot · 1 Glas (15 cl) Rotwein · Zucker und Zimtpulver nach Geschmack · 1 Prise Salz · weißer Pfeffer, frisch gemahlen · eventuell 1 Glas (2 cl) Kirschwasser
Pro Person etwa 1883 Joule/450 Kalorien

● Zubereitungszeit: etwa 90 Minuten

<u>So wird's gemacht:</u> Das Fleisch von der Schwarte befreien, abspülen und trockentupfen. Die Zwiebel schälen und mit den Nelken spicken. Die Möhren putzen und in Scheiben schneiden. Die Zitrone halbieren. Eine Hälfte in dünne Scheiben schneiden, von der anderen Hälfte die Schale hauchdünn abschneiden. • Das Butterschmalz auf dem Boden des offenen Schnellkochtopfs erhitzen. Das Wildfleisch darin von allen Seiten kräftig anbraten. Die Zwiebel und die Möhrenscheiben, das Lorbeerblatt sowie die Zitronenscheiben zum

Fleisch geben, wenig Salz und Pfeffer darüberstreuen und mit der Fleischbrühe aufgießen. Im geschlossenen Topf 30 Minuten schmoren. • In einem kleinen Topf die Butter schmelzen lassen. • Das Fleisch aus dem Schnellkochtopf nehmen, mit der Butter bepinseln. • Das Bauernbrot reiben und 3 Eßlöffel davon mit dem Zucker und dem Zimt vermengen und über das Fleisch streuen. Unter den Grill geben und dort 10–15 Minuten lang bräunen, bis der Braten eine schöne Kruste hat. • Inzwischen für die Sauce die Kirschen entsteinen, mit der Zitronenschale und wenig Wasser weichkochen, das Weißbrot mitkochen lassen. Dann alles entweder im Mixer pürieren oder durch ein Sieb streichen, mit dem Rotwein strecken und mit Zucker, Zimt, Salz und Pfeffer sowie eventuell dem Kirschwasser abschmecken. Diese Sauce gesondert zu dem aufgeschnittenen Fleisch servieren.

Das paßt dazu: Kartoffelknödel oder kleine Semmelknödel. Als Getränk ein Ahrburgunder oder fränkischer Spätburgunder.

Wildschweinleber Spessarträuber-Art

Im einst berühmt-berüchtigten »Wirtshaus im Spessart« könnte dieses Gericht auf der Speisenkarte gestanden haben. Es wird im Spessart und Odenwald auch heute noch sehr geschätzt.

500 g Wildschweinleber von einem möglichst jungen Tier · 500 g frische Steinpilze · 1 große Zwiebel · einige Stengel Petersilie · 80 g Butter · Salz · weißer Pfeffer, frisch

gemahlen · 1 Glas (2 cl) Obstler · 1 Glas (15 cl) Weißwein, zum Beispiel Riesling aus Franken · 2 Eßl. Zitronensaft · 2–3 Eier
Pro Person etwa 1423 Joule/340 Kalorien

● Zubereitungszeit: 40 Minuten

So wird's gemacht: Die Wildschweinleber enthäuten, waschen, trockentupfen und in etwa 2 cm dicke Scheiben schneiden. • Die Steinpilze putzen, abspülen, kurz abtropfen lassen und in dicke Scheiben schneiden. Die Zwiebel schälen und feinhacken. Die Petersilie waschen, trockentupfen und feinhacken. • Die Hälfte der Butter in einer Pfanne erhitzen und die Leberscheiben darin von beiden Seiten 3–4 Minuten rosa braten, dann mit Salz und Pfeffer würzen und warm stellen. • In den Bratfond den Obstler gießen und flambieren, dann mit dem Wein ablöschen und die entstandene Sauce über die Leberscheiben geben. • Die gehackte Zwiebel in der restlichen Butter hellgelb braten, ebenso die Pilze. Mit Salz, Pfeffer und dem Zitronensaft würzen. Die Eier verquirlen, unter die Pilze rühren und stocken lassen, dann die Petersilie darüber streuen. • Die Steinpilze mit der gebratenen Leber anrichten.

Das paßt dazu: frisches, knuspriges Weißbrot und ein Riesling aus Franken.

Mein Tip Dieses Gericht läßt sich auch mit der schmackhaften Hirschleber oder mit der besonders feinen Rehleber zubereiten. Und anstelle von Steinpilzen dürfen Sie auch andere Waldpilze verwenden.

Wilderergulasch

Bild Seite 56

Mutige, kaltblütige Wilderer existierten früher nicht nur in der Phantasie des Volkes – als solche verschafften sich Bauern und Holzknechte oft den sonst nicht erschwinglichen Sonntagsbraten.

750 g Wildschweingulasch · 4 Wacholderbeeren · 3 Pimentkörner · 2 Eßl. Weinessig · 1 l Buttermilch · 100 g durchwachsener Räucherspeck · 3 mittelgroße Zwiebeln · 2 Eßl. Öl · ¹/₂ Teel. schwarzer Pfeffer, frisch gemahlen · ¹/₂ Teel. getrockneter Thymian · 1 gestrichener Teel. edelsüßes Paprikapulver · 2 Teel. Worcestersauce · ³/₈ l Fleischbrühe · 2 gestrichene Eßl. Mehl · ¹/₈ l herber Rotwein
Pro Person etwa 2075 Joule/495 Kalorien

- Marinierzeit: etwa 12 Stunden
- Zubereitungszeit: 15 Minuten
- Garzeit: etwa 70 Minuten (Schnellkochtopf: 15 Minuten)

So wird's gemacht: Die Wildschweinwürfel in eine Schüssel geben. Die Wacholderbeeren zerdrücken, mit den Pimentkörnern, dem Essig und der Buttermilch mischen und über das Fleisch gießen. Über Nacht marinieren lassen. • Die Fleischwürfel dann aus der Beize nehmen und trockentupfen. Den Speck kleinwürfeln. Die Zwiebeln schälen und kleinhakken. • In einem großen Topf (oder im Schnellkochtopf) das Öl erhitzen. Die Speckwürfel darin ausbraten. Das Fleisch, die Zwiebeln, den Pfeffer, den Thymian, das Paprikapulver und die Worcestersauce zum Speck geben und unter Rühren kurz anbraten. Mit der Fleischbrühe aufgießen und bei mittlerer Hitze in reichlich 60 Minuten (Schnellkochtopf 15 Minuten) zugedeckt weichschmoren. • Das Mehl mit dem Rotwein verrühren. Die Sauce damit binden und mit etwa 4 Eßlöffeln durchgesiebter Buttermilchmarinade abschmecken.

Das paßt dazu: Semmelknödel oder Spätzle, Rosenkohl. Als Getränk ein kräftiger, trockener Rotwein oder Bier.

Variante: Geben Sie vor dem Schmoren noch etwa 30 g getrocknete, über Nacht eingeweichte Steinpilze zu dem Gulasch. Diese Menge entspricht etwa 300 g frischen Pilzen. Getrocknete Pilze, die man fast immer auch in Wildhandlungen bekommt, sind wesentlich preiswerter als frische oder Pilze aus der Dose und was besonders wichtig ist: sie geben den Gerichten sogar mehr Aroma als die Pilze aus der Konserve.

Da liegt der Hase im Pfeffer

Wild und Gewürze gehören seit Jahrhunderten so eng zusammen, daß Redewendungen wie die obige entstanden und der Pfeffer sogar einem Gericht – dem Wildpfeffer – seinen Namen gab. Einst altrömisches und germanisches Fruchtbarkeitssymbol, ist der Hase als Wildbret auch heute noch vielgeliebt und weit verbreitet über ganz Europa, daher auch recht preiswert zu haben. Begehrteste Stücke, ob frisch oder tiefgefroren, sind Rücken und Keulen junger Hasen (ob wirklich jung, erkennt man bei Hasen im Balg daran, daß die »Löffel«, die Ohren also, sich leicht einreißen lassen und das Gebiß weiß und spitz ist). Hasenklein sowie das Fleisch älterer Tiere kann man beizen und dann schmoren oder zu Farcen verarbeiten. Spicken oder Belegen mit Speckscheiben ist für das trockene, magere Hasenfleisch ebenso nötig wie Röstgemüse, welches das Fleisch mürber macht, und Sahne für die Sauce. Noch weißeres, zarteres Fleisch als der Feldhase hat das Wildkaninchen, das es verdienen würde, in der Küche mehr Beachtung zu finden. Gut gewürzt, ist es ein herrlicher Braten für ein Essen zu zweit. Vielfältig sind die Zubereitungsarten, vom rheinischen Dippehas bis zum französischen Kaninchenbraten. Vor allem das nicht sehr ausgeprägt schmeckende Kaninchenfleisch läßt sich geschmacklich vielseitig variieren.

Hasenrücken mit Aprikosen

Bild Seite 27

2 bratfertig gespickte, tiefgefrorene Hasenrücken (je etwa 500 g) · $^1/_4$ l roter Wermut ·
1 Lorbeerblatt · je 1 Zweig Rosmarin und Zitronenmelisse · 1 mittelgroße Zwiebel · 2 Eßl. Butter · Salz · weißer Pfeffer, frisch gemahlen · $^1/_8$ l saure Sahne · 5 frische Aprikosen · 1 Eßl. Zucker · etwas Wasser (oder 1 kleine Dose Aprikosenhälften)
Pro Person etwa 2051 Joule/490 Kalorien

● Marinierzeit: 3–4 Stunden
● Zubereitungszeit: 40 Minuten

So wird's gemacht: Die Hasenrücken auftauen, kalt abspülen, trockentupfen und in ein flaches Gefäß legen. Mit dem Wermut übergießen, das Lorbeerblatt sowie die frischen, gewaschenen Kräuter zufügen und alles zugedeckt im Kühlschrank 3–4 Stunden marinieren lassen. • Die Zwiebel schälen und feinhacken. • Die Hasenrücken aus der Marinade nehmen, trockentupfen und in der erhitzten Butter rundum anbraten. Die Zwiebel dazugeben und mit anbraten. • Mit dem zum Marinieren verwandten Wermut aufgießen und im vorgeheizten Backofen bei 200 °C/Gas Stufe 3 in etwa 30 Minuten garen. Dabei gelegentlich mit dem Fond beschöpfen und eventuell noch etwas Wasser dazugießen. • Die Hasenrücken dann herausnehmen und warm stellen. • Den Fond mit der sauren Sahne verrühren und mit Salz und Pfeffer abschmekken. • Die Aprikosenhälften in Zuckerwasser weichdünsten (oder die Dosenaprikosen im eigenen Saft erhitzen). Die Hasenrücken mit den Aprikosen und der Sauce auf einer vorgewärmten Platte anrichten.

Das paßt dazu: Kartoffelkroketten und Rotkohl (Blaukraut). Als Getränk ein Barolo oder Pinot nero.

Hase nach Winzer-Art

Durch die nach einem französischen Rezept bereitete Marinade und das Flambieren mit Cognac erhält dieser Hasenbraten seine besondere Note.

*1 Möhre (Karotte) · 1 Knoblauchzehe ·
1 Bund Petersilie · ¹/₄ l Wasser · ¹/₄ l guter
Weinessig · ¹/₂ Teel. getrockneter Thymian ·
2–3 Lorbeerblätter · Salz · schwarzer Pfeffer,
frisch und grob gemahlen · 1 Paar
Hasenkeulen oder 1 Hasenrücken (etwa
800–1000 g) · 2 Eßl. Butter · 1 Teel. edelsüßes
Paprikapulver · 1 Glas (2 cl) Cognac ·
¹/₈ l süße Sahne · ¹/₂ Teel. scharfer französischer
Senf · 10–12 Weintrauben*
Pro Person etwa 9247 Joule/470 Kalorien

● Zubereitungszeit: 30 Minuten
● Marinierzeit: 2 Tage
● Garzeit: 45–50 Minuten

So wird's gemacht: Die Möhre putzen und kleinschneiden, die Knoblauchzehe schälen und zerdrücken, die Petersilie waschen und hacken. ● In einem großen Gefäß das Wasser mit dem Weinessig mischen, die Möhre, den Knoblauch, die Petersilie, den Thymian und die Lorbeerblätter zugeben, salzen und pfeffern. ● Das Hasenfleisch 2 Tage in diese Marinade legen. ● Dann das Fleisch herausnehmen und trockentupfen. ● In einem schweren Topf die Butter zerlassen, das Fleisch hineingeben, mit dem Paprika, Salz und Pfeffer würzen und zugedeckt bei kleinster Hitze 40–45 Minuten kochen. Wenn es fast gar ist, das Fleisch herausnehmen, mit Cognac übergießen und den Cognac anzünden. Das Fleisch dann in einem feuerfesten Gefäß warm stellen. ● Den Brat-

fond mit der Sahne lösen, den Senf hineinrühren und nach Belieben scharf abschmecken. Die Sauce über das Fleisch gießen. ● Die Weintrauben entkernen und in die Sauce geben. Nicht mehr kochen, sondern nur noch etwa 5 Minuten bei ganz geringer Hitze ziehen lassen.

Das paßt dazu: Kartoffelkroketten oder Kartoffelpüree und ein roter Bordeaux.

Mein Tip Das Flambieren von Wildfleisch ist viel zu wenig bekannt. Dabei gibt gerade ein passender hochprozentiger Alkohol dem Wild ein unvergleichliches Aroma. Besonders geeignet sind Cognac oder Weinbrand, Wodka, Gin und Genever.

Hasenfilet mit Backpflaumen

Bild Seite 28

*Je ¹/₂ Tasse geputzte und kleingeschnittene
Sellerieknolle mit dem Grün, Möhren, Porree
und Zwiebeln · 1 Lorbeerblatt · 12 Wacholderbeeren · je ¹/₂ Teel. getrockneter Thymian und
Majoran · Schale von ¹/₂ Orange (chemisch
nicht behandelt) · 1 gestrichener Teel. Salz ·
¹/₄ Teel. Cayennepfeffer · ¹/₈ l Rotwein ·
2 Hasenrückenfilets · 50 g Bratfett ·
1 Apfel · 10 Backpflaumen ohne Stein ·
¹/₂ Tasse süße Sahne · 1 Eßl. rotes Johannisbeergelee*
Pro Person etwa 1690 Joule/405 Kalorien

- Zubereitungszeit: 20 Minuten
- Marinierzeit: etwa 12 Stunden

So wird's gemacht: Das vorbereitete Gemüse mit dem Lorbeerblatt, dem Thymian und dem Majoran, der dünn abgeschnittenen Orangenschale, dem Salz und dem Cayennepfeffer in $^1/_4$ l Wasser 10 Minuten kochen, dann die Flüssigkeit durch ein Sieb gießen. • Diesen Würzsud mit dem Rotwein mischen und die Hasenfilets in einer Schüssel damit übergießen. Das Fleisch mindestens eine Nacht in dieser Beize liegenlassen. • Dann das Fett in einer Pfanne erhitzen. Die Filets gut trockentupfen und im heißen Fett ringsherum etwa 6 Minuten braten, je nach Dicke. • Den Apfel schälen, entkernen und in Schnitze schneiden. Das Fleisch aus der Pfanne nehmen und warm stellen. Den Bratfond mit etwas Rotweinbeize lösen. Die Backpflaumen und die Apfelschnitze hineingeben und garen, bis die Apfelstücke weich sind. • Die Sauce mit der Sahne und dem Johannisbeergelee abschmecken. Die Filets noch einmal kurz darin erwärmen, dann sofort servieren.

Das paßt dazu: Kartoffelklöße und Rotkohl (Blaukraut). Als Getränk ein Rotwein von der Ahr.

Kaninchen in Weißwein

Bild 3. Umschlagseite

Wildkaninchen haben wesentlich würzigeres Fleisch als Hauskaninchen. Besonders beliebt sind sie in Frankreich und Belgien, aber auch in vielen mediterranen Ländern.

1 Wildkaninchen (etwa 1200 g) · 4 Zweige frischer oder 1–2 Teel. getrockneter Thymian · 1 Knoblauchzehe · $^3/_8$ l herber Weißwein · $^1/_8$ l Sojasauce · 2 Lorbeerblätter · 8–10 schwarze Pfefferkörner · 1 Stück Zitronenschale (chemisch nicht behandelt) · $^1/_2$ Teel. Zucker · Salz · schwarzer Pfeffer, frisch gemahlen · 6 Eßl. Öl zum Braten
Pro Person etwa 2595 Joule/620 Kalorien

- Zubereitungszeit: 70 Minuten
- Marinierzeit: 1–2 Tage

So wird's gemacht: Das küchenfertige Kaninchen waschen, trockentupfen, in Portionsstücke teilen und diese in einen großen Topf legen. • Den frischen Thymian waschen, gut abtropfen lassen und zwischen die Fleischstücke legen (oder den getrockneten Thymian dazwischenstreuen). • Die Knoblauchzehe schälen und hacken. Den Wein und die Sojasauce mit den übrigen Gewürzen, dem Knoblauch, der Zitronenschale und dem Zucker sowie 1 Teelöffel Salz einmal aufkochen lassen und diese Marinade heiß über das Fleisch gießen. Zugedeckt 1–2 Tage an einem kühlen Ort stehen lassen, die Fleischstücke zwischenzeitlich wenden. • Dann die Kaninchenteile mit Küchenkrepp trockentupfen und mit frisch gemahlenem Pfeffer würzen. • Das Öl in einem Schmortopf oder im Schnellkochtopf erhitzen und die Fleischstücke darin rundherum anbraten, danach salzen. • Die Marinade erhitzen und den Bratfond mit $^1/_4$ l davon auffüllen und das Kaninchen in etwa 50 Minuten (im Schnellkochtopf: 15 Minuten) gar schmoren. Im normalen Topf zwischendurch Marinade nachgießen und die Fleischstücke wenden. • Die garen Portionsstücke auf einer vorgewärmten Platte anrichten und warm stellen. • Den Bratfond mit heißem Wasser

»Wildente à l'orange« ist ein klassisches Rezept der ▷ feinen Wildküche. Rezept Seite 49.

auffüllen, loskochen und bei schwacher Hitze ein wenig einkochen lassen. Die Sauce zuletzt nochmals abschmecken und getrennt zum Fleisch servieren.

Das paßt dazu: Kartoffelpüree und Selleriesalat oder Stachelbeerkompott. Als Getränk ein trockener weißer Bordeaux.

Kaninchen mit Estragon-Sahnesauce

Für Wildkaninchen gibt es keine Schonzeit, deshalb wird das zarte, wohlschmeckende Fleisch das ganze Jahr über angeboten. Es eignet sich besonders für gut gewürzte Schmorgerichte.

1 Wildkaninchen (etwa 1500 g) · Salz · weißer Pfeffer, frisch gemahlen · 2 kleine Zwiebeln (möglichst milde Frühlingszwiebeln) · 1 Zweig Estragon oder 1 Teel. getrocknete Estragonblätter · 50 g Butter · 1/8 l Fleischbrühe · 1/8 l trockener Weißwein · 1/8 l süße Sahne · 1 Teel. scharfer Senf · 1 Glas (2 cl) Weinbrand · eventuell 1 Prise Zucker Pro Person etwa 3098 Joule/740 Kalorien

● Zubereitungszeit: etwa 70 Minuten

So wird's gemacht: Das Kaninchen kurz abspülen, trockentupfen und in mehrere Stücke zerlegen, falls nicht bratfertige Kaninchenteile gekauft werden. Das Fleisch mit Salz und Pfeffer einreiben. Die Zwiebeln schälen und feinhacken. Die Estragonblätter waschen und feinhacken, den getrockneten Estragon fein zerreiben. • Die Butter in einem gußeisernen

Bräter erhitzen und die Kaninchenteile darin von allen Seiten scharf anbraten. Die Zwiebeln zugeben und braun werden lassen. Mit der Fleischbrühe ablöschen, die Hälfte des Weißweins zugeben sowie den Estragon. • Den Bräter mit dem Deckel verschließen. Falls er einen Tropfeinsatz hat, den restlichen Wein in den Einsatz geben, ansonsten den Wein während des Schmorens zugeben. In 50–60 Minuten zugedeckt garen. • Anschließend das Fleisch herausnehmen und warm stellen, eventuell entbeinen. • Den Saucenfond mit der Sahne verrühren, einmal aufkochen lassen und mit dem Senf, dem Weinbrand und nach Belieben mit dem Zucker abschmecken, eventuell auch mit Salz und Pfeffer nachwürzen. • Das Fleisch auf eine vorgewärmte Platte legen und mit etwas Sauce überziehen, die restliche Sauce gesondert dazu reichen.

Das paßt dazu: grüne Bohnen (Haricots verts), Salzkartoffeln. Als Getränk der gleiche trockene Weißwein, der für die Sauce verwendet wurde, zum Beispiel ein Edelzwicker oder spanischer Rioja-Wein.

Kaninchenpastete Bauernart

Bild Seite 46

Bei dieser französischen »Pâté de champagne« spielen Kräuter und Gewürze eine wichtige Rolle. Sie machen aus dem einfachen bäuerlichen Gericht eine Spezialität, mit der Sie auch vor anspruchsvollen Gästen bestehen.

◁ Hier sehen Sie die Zubereitung der »Kaninchen-pastete Bauernart« Schritt für Schritt im Bild. Rezept Seite 44.

Zutaten für 6–8 Personen:
1 Wildkaninchen mit Innereien ·
225 g durchwachsener geräucherter Speck ·
225 g fetter geräucherter Speck · 1 gestrichener
Eßl. Semmelbrösel · 1 Eßl. getrocknete
Kräuter (Thymian, Majoran, Salbei, Lorbeer,
Sariette oder Bergbohnenkraut) · 1 Prise
Muskatnuß, frisch gerieben · Salz · schwarzer
Pfeffer, frisch gemahlen · 2 Eier · 2 Eßl.
Cognac · 1 Bund Petersilie · Lorbeerblätter
und Wacholderbeeren zum Verzieren
Pro Person etwa 3560 bzw. 2680 Joule/850
bzw. 640 Kalorien

- Zubereitungszeit: 2 Stunden
- Garzeit: 2 Stunden 15 Minuten
- Kühlzeit: etwa 1 Tag

So wird's gemacht: Das Kaninchenfleisch mit
einem spitzen Messer von den Knochen lösen.
Das Fleisch und die Innereien waschen und
trockentupfen, mit dem elektrischen Fleisch-
hacker zerkleinern (die Zerkleinerung in
einem von Hand bedienten Fleischwolf wäre
zu mühsam) und in eine Schüssel geben. • Den
durchwachsenen Speck kleinschneiden, vom
fetten Speck ein paar dünne Scheiben zurück-
lassen, um den Boden der Pastetenform zu
bedecken, den Rest ebenfalls kleinschneiden.
Die Speckwürfel zu dem Gehackten geben.
Die Semmelbrösel, die Kräuter und Gewürze,
die Eier und den Cognac zugeben. Die Petersilie hacken und ebenfalls hinzugeben. Das
Ganze gut durchkneten. • Den Backofen auf
250 °C vorheizen. • Die Pastetenform mit den
Speckscheiben auslegen. Den Fleischteig in
die Form geben. Ein gebuttertes Pergamentpapier auf die Masse legen. Den Deckel auf-
setzen. • Die Pastetenform in die mit Wasser
gefüllte Fettpfanne des vorgeheizten Back-
ofens stellen. Sobald das Wasser kocht, den

Ofen auf etwa 220 °C zurückschalten. • Nach
etwa 2 Stunden 15 Minuten ist die Pastete gar.
Nun den Deckel der Form abheben, auf das
Pergamentpapier ein Küchenbrett und darauf
ein Gewicht (Stein) legen, damit das Fett aus
der Pastete gedrückt wird. • Die Pastete kühl
stellen und frühestens am nächsten Tag, mit
Lorbeerblättern und Wacholderbeeren verziert, servieren.

Das paßt dazu: französisches Stangenweißbrot, eventuell ein grüner Salat, falls kein
Hauptgericht danach serviert wird. Als Getränk ein Rosé oder leichter Rotwein.

Mein Tip Alle Wildinnereien sollten Sie gut häuten und gründlich von
Fett und Röhren befreien, dann in
Milch oder Beize legen (vor allem die
Leber) oder wässern (die Nieren),
eventuell auch spicken (immer das
Herz). Man bereitet sie dann wie die
Innereien von Schlachttieren zu, also
gebraten mit Speck, Zwiebeln, Äpfeln,
mit Wein- oder Rahmsauce, als Spieß-
chen oder Füllung für Omelettes und
Pastetchen. Da sie sehr fettarm sind,
sollte man mit Speck nicht sparen.
Hirschleber zum Beispiel wird immer
gespickt. Häufiger als die Innereien
von Schalen- oder Ballenwild erhält
man die von Wildgeflügel. Man verwendet sie für Fleischfarcen zur Füllung des Geflügels, für Pasteten oder
aparte kleine Pfannengerichte.

Ein besonderes Ereignis ist selbst für verwöhnte Wildliebhaber immer noch die Zubereitung eines Fasans, denn dieser prächtige Vogel gilt nun einmal als edelster Vertreter des Wildgeflügels. Neben einer systematischen Hege ist es durch die Tiefkühlung möglich geworden, ihn nicht nur während der offiziellen Schußzeiten zu kaufen. Am besten schmecken junge, einjährige Vögel, die an ihren kleinen, runden Spornen und dem noch biegsamen Brustbein zu erkennen sind. Bratfertig wie der Fasan werden auch die äußerlich unscheinbaren, aber als Jungvögel (erkennbar an den gelben oder braunen Füßen) sehr delikaten Rebhühner geliefert. Im Handel angebotene Rebhühner kommen heute aus dem Ausland, denn bei uns steht dieser Vogel auf der Liste bestandsbedrohter Tiere. Neuerdings tauchen auch die würzigen Schneehühner aus Rußland, die man wie Rebhühner behandelt, immer öfter in den Spezialgeschäften auf. Diese Hühnervögel sollten wie die Fasane wegen ihres trockenen Fleisches immer mit Speck umwickelt gebraten werden; sehr saftig werden sie im Tontopf oder in der Bratfolie. Es gibt unendlich viele klassische und moderne Zubereitungsarten, doch gebraten schmecken Fasane und Rebhühner am besten. Ältere Tiere liefern noch köstliche Brühen, Salmis (Ragouts) oder Pasteten. Wildenten und -gänse aus freier Wildbahn, Wachteln, Schnepfen, Wildtauben und neuerdings Wildtruthähne aus systematischer Zucht werden immer häufiger küchenfertig angeboten und bereichern unseren Speisezettel um weitere originelle Gerichte. Meine Rezeptbeispiele können Ihnen nur einen kleinen Querschnitt geben.

Wildententerrine mit Entenleber

Bild 2. Umschlagseite

Eine elegante Vorspeise, wenn Sie Gäste zu bewirten haben, ist diese fein abgeschmeckte Wildententerrine, die aber nicht gerade billig kommt.

Zutaten für etwa 8 Personen:
1 ganze Wildente · 80 g Schweinefleisch ohne Fett und Knochen · 460 g frischer Speck, in dünne Scheiben geschnitten · abgeriebene Schale von 1 Orange (chemisch nicht behandelt) · je $^1/_2$ Teel. frischer Salbei und Beifuß, gehackt · 6 g Pastetengewürz · 1 Eßl. Öl · 15 g Butter · 30 g Schalotten, gewürfelt · je 1 Glas (2 cl) Curaçao und Orangensaft · $^1/_8$ l Wildfond (Rezept Seite 66) · 3 Wacholderbeeren · $^1/_2$ Knoblauchzehe · 100 g in Madeira oder Portwein marinierte Entenleber · 50 g gekochter Schinken, gewürfelt · 30 g geschälte grüne Pistazien, halbiert · 30 g Trüffeln, gewürfelt · Madeira- oder Portweingelee (Rezept Seite 49)
Pro Person etwa 2135 Joule/510 Kalorien

● Zubereitungszeit: etwa 3 Stunden
● Garzeit: 45 Minuten

So wird's gemacht: Die bratfertige Wildente zerlegen, die Brüste herauslösen und beiseite legen. Das übrige Fleisch von den Knochen lösen, von allen Häuten und Sehnen befreien und 160 g abwiegen. Das Wildentenfleisch und das Schweinefleisch in Streifen schneiden, in eine Schüssel legen. 160 g von dem in Streifen geschnittenen Speck dazugeben und mit der Orangenschale, den Kräutern sowie dem Pastetengewürz bestreuen. Mit Folie abdecken und im Kühlschrank marinieren. • Das Fleisch zweimal durch die feine Scheibe des Fleischwolfs drehen, den Speck zuletzt nur einmal. Alle Zutaten zwischen den einzelnen Arbeitsgängen immer wieder in den Kühlschrank geben. • Die Wildentenbrüste in heißem Öl kurz von allen Seiten anbraten, herausnehmen und das Öl abgießen. Die Butter in der Pfanne schmelzen und die Schalotten darin hell andünsten. Mit dem Curaçao und dem Orangensaft ablöschen und mit dem vorbereiteten Wildfond aufgießen. Alle restlichen Gewürze zufügen und alles zu einem dickflüssigen Bratensaft einkochen lassen. Diesen Saft durch ein Sieb über die Brüste gießen und auskühlen lassen. • Die Entenleber aus dem Madeira oder Portwein nehmen, auf Küchenkrepp abtropfen lassen, in kleine Stücke schneiden und mit dem Schinken, den Pistazien und den Trüffeln unter die Farce mengen. • Eine Terrinenform von ³/₄ l Inhalt mit den Speckscheiben auskleiden, den Speck am Rand der Form etwas überhängen lassen. Die Hälfte der Farce einfüllen, die Brüste einlegen, mit der restlichen Farce auffüllen. Die überhängenden Speckteile darüberklappen und mit einer Speckscheibe abdecken. Mit dem Deckel verschließen und im Wasserbad etwa 45 Minuten bei 80° C Wassertemperatur garen. • Von der abgekühlten Terrine die Speckscheibe entfernen, eine Schicht Portweingelee oder Madeiragelee daraufgießen und erstarren lassen.

Das paßt dazu: als Getränk ein samtiger Burgunder, zum Beispiel aus Vougeot in Frankreich.

Madeiragelee

8 Blatt weiße Gelatine · ¹/₂ l entfettete Fleischbrühe · ¹/₈ l Madeira oder Portwein · 2 Eßl. milder Weinessig
Ingesamt etwa 1507 Joule/360 Kalorien

● Zubereitungszeit: 20 Minuten

Die Gelatineblätter in kaltem Wasser einweichen. Die Brühe mit dem Wein und dem Essig erhitzen. Die ausgedrückte Gelatine zugeben und so lange rühren, bis sie sich völlig gelöst hat. Das Gelee leicht abgekühlt für Pasteten verwenden.

Wildente à l' orange

Bild Seite 45

Eine fast klassische Zubereitung für Wildenten ist die mit Orangensauce. Ich verwende auch für die Füllung statt der oft üblichen Äpfel Orangen.

Zutaten für 2–3 Personen:
1 Wildente (etwa 1000 g) · Salz · weißer Pfeffer, frisch gemahlen · 1–2 Teel. getrockneter, gemahlener Rosmarin
Für die Füllung: Innereien der Wildente (oder 200 g Schweineleber) · 1 Scheibe Toastbrot · 3 Eßl. Milch · 1 Ei · 1 Orange · Salz · weißer Pfeffer · etwas Knoblauchpulver · 2 dünne Scheiben Speck · 20 g Butter
Für die Sauce: 1 Möhre · 1 Stange Lauch · 1 Stück Sellerieknolle · Fleischbrühe · Saft von ¹/₂ Orange · 1 Glas (15 cl) Rotwein · 1 Eßl. Orangenkonfitüre oder etwas Orange

Peel · Salz · weißer Pfeffer · 2 Eßl. Crème fraîche · Orangenscheiben zum Garnieren
Bei 2 Portionen pro Person etwa 5442 Joule/1030 Kalorien

● Zubereitungszeit: 95 Minuten

So wird's gemacht: Die küchenfertig ausgenommene Wildente kurz waschen, trockentupfen und mit Salz, Pfeffer und Rosmarin innen und außen würzen. • Für die Füllung Innereien (oder die Schweineleber) durch den Fleischwolf drehen oder sehr klein schneiden und in eine Schüssel geben. Das Toastbrot würfeln, zu den Innereien geben und mit der lauwarmen Milch befeuchten. Das Ei, die geschälte, in Würfel geschnittene Orange, Salz, Pfeffer und Knoblauchpulver nach Geschmack daruntermengen. • Die Ente damit füllen, den Hals zubinden und die Brustöffnung zunähen. • Den Backofen auf 220 °C vorheizen. In einem Bräter die Butter zerlassen, die Ente hineinlegen und mit den Speckscheiben bedecken. • Das Gemüse waschen, putzen, zerkleinern und zur Ente geben. • In den vorgeheizten Backofen stellen und unter Begießen mit Fleischbrühe bei 220 °C / Gas Stufe 4 in 60 Minuten braun braten. • Die Ente herausnehmen und warm stellen. • Den Saucenfond mit dem Orangensaft und dem Rotwein verlängern, aufkochen lassen und durchsieben. • Die Sauce mit der Orangenkonfitüre oder dem Orange Peel, Salz, Pfeffer und Crème fraîche geschmacklich abrunden. • Die Wildente tranchieren und mit Orangenscheiben garniert zu Tisch geben.

Das paßt dazu: Mandelkroketten und Rotkohl (Blaukraut), als Getränk ein Trollinger aus Württemberg.

Fasanenbrüste in Champagnersauce

Ein festliches Essen für Genießer sind Fasanenbrüste, die, ganz zart gewürzt, ihren Eigengeschmack am besten entfalten.

4 ausgelöste frische Fasanenbrüste · Salz · weißer Pfeffer, frisch gemahlen · etwas Mehl · 2 Eßl. Öl · 2 Eßl. Butter · 3 Schalotten · $1/4$ Flasche trockener Champagner oder Sekt · $1/8$ l süße Sahne · 2 Eigelbe · 1 Teel. Limetten- oder Zitronensaft
Pro Person etwa 2009 Joule/480 Kalorien

● Zubereitungszeit: 45–50 Minuten

So wird's gemacht: Die Fasanenbrüste ganz leicht salzen, pfeffern und in Mehl wenden. Das Öl und die Butter in der Pfanne erhitzen und die Brüste darin von beiden Seiten auf mittlerer Backstufe hellgelb braten, dann herausnehmen. Das Bratfett abgießen. • Die Schalotten schälen und feinhacken, in dem Bratfond glasig werden lassen und mit dem Champagner oder Sekt ablöschen. Die Fasanenbrüste wieder einlegen und 8–10 Minuten schmoren lassen, dann herausnehmen und warm stellen. • Die Sahne einrühren und etwas einkochen lassen. • Die Eigelbe schaumig schlagen. Die Sauce vom Herd nehmen und die Eigelbe darunterschlagen, dann mit einigen Tropfen Zitronen- oder Limettensaft, Salz und wenig Pfeffer abschmecken. Weiterschlagen, bis die Sauce ganz schaumig ist. • Die Fasanenbrüste damit servieren.

Das paßt dazu: Brokkoli, gedämpfte Maronen. Als Getränk Champagner.

Gefüllter Fasan in Wacholderrahm

Unser beliebtester Festtagsvogel ist der Fasan – der »König« unter dem Wildgeflügel – nicht nur wegen seines prächtigen Federkleids, sondern noch mehr seines feinen Geschmacks wegen. Von den vielen Zubereitungsarten bevorzuge ich diese am meisten.

Zutaten für 2 Personen:
1 junger Fasan (etwa 700 g) mit Leber · Salz · weißer Pfeffer · 1 kleine Zwiebel · 50 g Butter · 200 g Rinderhack · 1 Ei · 20 g grüne geschälte Pistazien · 150 g grüner Speck in Scheiben · 8 Wacholderbeeren · $^1/_8$ l Fasanenbrühe (aus Hals, Magen und Flügelspitzen) oder Hühnerbrühe · $^1/_8$ l süße Sahne · eventuell 2 Teel. Mehl · 2 Eßl. Genever
Pro Person etwa 3243 Joule/775 Kalorien

● Zubereitungszeit: 60 Minuten

<u>So wird's gemacht:</u> Den bratfertigen Fasan mit einem feuchten Tuch abreiben, mit Salz und Pfeffer würzen. • Die Leber feinhacken. • Die Zwiebel schälen und feinhacken und in 1 Eßlöffel Butter glasig dünsten. • Die Leber und die Zwiebel mit dem Rinderhack, dem Ei und den grob gehackten Pistazien vermengen. Diese Masse in den Fasan füllen. Die Öffnung zunähen oder zustecken. Die Schenkel mit Küchengarn an den Körper dressieren, den Fasan mit dem Speck umwickeln und diesen ebenfalls festbinden. • Den Backofen auf 225 °C vorheizen. • Die restliche Butter in einem Bräter zerlassen und den Fasan darin rundherum anbraten. Dann in den vorgeheizten Backofen geben und bei 220–225 °C/Gas

Stufe 4–5 etwa 30 Minuten braten, zuerst auf der Brust oder seitlich liegend, später auf dem Rücken. • Die Wacholderbeeren zerdrücken und mit in den Bräter geben. Während des Bratens den Fasan öfters mit dem Bratfond und mit der Brühe begießen. Dann den Vogel herausheben und warm stellen; das Brustbein sollte noch rosig sein. • Den Bratfond durch ein Sieb in einen Topf gießen und mit der Sahne, in der nach Wunsch zum Andicken das Mehl verquirlt wurde, binden. Zuletzt die Sauce mit dem Genever, Salz und Pfeffer abschmecken und gesondert zu dem tranchierten Fasan reichen.

<u>Das paßt dazu:</u> Weinkraut mit Trauben oder Rosinen, Kartoffelpüree. Als Getränk ein Elsässer Gewürztraminer.

Variante: Sehr gut schmeckt mir auch – nach einem alten Familienrezept – Fasan mit Kastanienfüllung. 200 g Eßkastanien (Maronen) werden dafür geschält und weichgedämpft, dann mit 1 gedämpften Kartoffel, 2 Eiern und Gewürzen vermengt und der Fasan damit gefüllt. Er wird mit der Füllung als Beilage auf Ananaskraut serviert.

Rebhühner auf Traubenkraut

Die klassische Beilage zu Wildgeflügel ist pikant abgeschmecktes, mit Weißwein oder Sekt und Ananas oder Weintrauben zubereitetes Sauerkraut.

4 junge Rebhühner (je 250 g) · Salz · weißer Pfeffer, frisch gemahlen · 125 g gekochter

Schinken · 2 Scheiben Toastbrot · 500 g
Weintrauben · 4 Schalotten · 1 Eßl. Butter ·
^{1}/2 Teel. getrockneter Thymian · 1 Ei · 4 Eßl.
Dry Sherry · 125 g Räucherspeck in dünnen
Scheiben · ^{1}/4 l Weißwein · ^{1}/4 l Wasser ·
4–6 Eßl. süße Sahne · 1 Zwiebel ·
500 g Sauerkraut · 1 Eßl. Butterschmalz ·
1 Prise Zucker
Pro Person etwa 2720 Joule/650 Kalorien

● Zubereitungszeit: 70 Minuten

So wird's gemacht: Die küchenfertig ausge-
nommenen Rebhühner waschen, trockentupfen, mit Salz und Pfeffer innen und außen einreiben. • Den Schinken in Streifen schneiden.
Das Toastbrot würfeln. Die Weintrauben waschen, halbieren und entkernen. • Die Schalotten schälen, feinhacken und in der Butter
glasig dünsten. Die Brotwürfel und den Schinken dazugeben, goldbraun braten. In eine
Schüssel geben, mit dem zerriebenen Thymian würzen, mit dem Ei und 2 Eßlöffeln
Sherry vermengen und schließlich 250 g von
den Trauben darunterheben. • Den Backofen
auf 200 °C vorheizen. • Die Rebhühner mit
der Zwiebel-Trauben-Masse füllen und die
Brustöffnungen zunähen. Die Vögel mit den
Speckscheiben umwickeln und dressieren
(Zeichnung Seite 22), das heißt die Beine zu-
sammenbinden. • Die Rebhühner in eine
Bratpfanne legen und bei 200 °C/Gas Stufe 3
im Backofen etwa 35 Minuten braten. • ^{1}/8 l
Weißwein mit dem Wasser mischen und die
Rebhühner immer wieder damit begießen.
10 Minuten vor Ende der Bratzeit den Speck
entfernen, damit die Vögel besser bräunen.
Dann aus dem Ofen nehmen und warm stel-
len. • Den Bratfond mit der Sahne ablösen,
mit dem restlichen Sherry verfeinern und die
Sauce abschmecken. • In der Zwischenzeit die

Zwiebel schälen und feinhacken und mit dem
aufgelockerten Sauerkraut in Butterschmalz
andünsten, mit dem restlichen Weißwein aufgießen, mit Salz, Pfeffer und der Prise Zucker
pikant würzen und 15 Minuten dünsten lassen. Die restlichen Trauben zum Kraut geben
und weitere 5 Minuten mitziehen lassen. • Die
Rebhühner mit dem Traubenkraut anrichten,
die Sauce gesondert dazu reichen.

Das paßt dazu: Kartoffelpüree oder Herzo-
ginkartoffeln. Als Getränk ein Silvaner aus
Franken oder gut gekühlter Rosé.

Rebhühner auf Linsen

Eine deftige Beilage zu Rebhühnern sind süß-
sauer abgeschmeckte Linsen. Die Rebhühner
werden besonders saftig und zart, wenn man
sie im Tontopf zubereitet. Anstelle der Linsen
können Sie aber auch Wirsing mitgaren.

Zutaten für 2 Personen:
200 g Linsen · 2 küchenfertige Rebhühner
(je 250 g) · Salz · weißer Pfeffer, frisch
gemahlen · 2 Weinblätter, wenn vorhanden ·
4 Scheiben fetter Speck (100 g) · 50 g Butter ·
6 Schalotten · 4 Wacholderbeeren ·
1 Lorbeerblatt · je 1 Teel. getrockneter
Majoran und Thymian · 1–2 Eßl. Weinessig ·
1 Prise Zucker · eventuell 1 Eßl. Mehl ·
50 g durchwachsener Speck
Pro Person etwa 3098 Joule/740 Kalorien

● Zubereitungszeit: 25 Minuten
● Einweichzeit: 12 Stunden
● Garzeit: 60 Minuten

So wird's gemacht: Die Linsen über Nacht in kaltem Wasser einweichen. • Die Rebhühner kurz waschen, trockentupfen, leicht salzen und pfeffern, mit je 1 Weinblatt und 2 Speckscheiben umwickeln und in Butter rundherum anbraten. • Die Linsen mit ½ l von dem Einweichwasser in den Tontopf geben. • Die Schalotten schälen und mit den Wacholderbeeren und dem Lorbeerblatt dazugeben, den Majoran sowie den Thymian darüberstreuen. • In der verschlossenen Form bei 220 °C/Gas Stufe 4 etwa 60 Minuten schmoren lassen. • Die Rebhühner herausnehmen, tranchieren und warm stellen. • Die Linsen mit dem Essig, dem Zucker, Salz und Pfeffer abschmecken und eventuell Mehl zum Binden leicht darüberstäuben. Einmal aufkochen lassen. • Inzwischen den durchwachsenen Speck würfeln und in einer Pfanne goldbraun braten. Die Rebhühner auf den Linsen anrichten und den Speck darüberstreuen.

Das paßt dazu: Salzkartoffeln oder Röstkartoffeln. Als Getränk Beaujolais, Burgunder oder Trollinger.

Mein Tip Weinblätter gibt es im Feinkostgeschäft, in Salzlake eingelegt in Dosen oder vom Faß zu kaufen. Sie sollten vor der Verwendung etwas gewässert werden. Frisches Weinlaub wird vor dem Umwickeln kurz mit kochendem Wasser überbrüht.

Wildgans normannisch

Nur eine junge Wildgans sollten Sie nach diesem Rezept mit der Haut braten; bei älteren Tieren muß man sie unbedingt entfernen.

Zutaten für 3–4 Personen:
1 Wildgans (etwa 1500 g) · Salz · weißer Pfeffer, frisch gemahlen · 1 Teel. getrockneter Rosmarin · etwas Pfeffersenf · 750 g Äpfel · 100 g Butter · ¼ Kästchen Kresse · Cidre · 1 Glas (2 cl) Calvados · 1 Eßl. Apfelgelee · 4 Eßl. Crème fraîche
Bei 4 Portionen pro Person etwa 2846 Joule/680 Kalorien

● Zubereitungszeit: 1 Stunde 45 Minuten

So wird's gemacht: Die bratfertige Gans waschen, trockentupfen, innen und außen salzen und pfeffern, von außen mit Rosmarin einreiben und mit Senf bestreichen; diese Gewürze einziehen lassen. • Inzwischen die Äpfel schälen, entkernen und in dünne Scheiben schneiden. Die Hälfte der Apfelscheiben in etwas Butter halbweich dünsten, dann abwechselnd mit der abgeschnittenen Kresse in die Gans füllen. Die Öffnung zunähen oder zustecken, den Hals zubinden. • Den Backofen auf 220 °C vorheizen. • Die Gans in der restlichen Butter von allen Seiten anbraten. In eine Bratform legen, mit der Bratbutter begießen, mit den restlichen Apfelscheiben umlegen und im vorgeheizten Backofen bei 220 °C/Gas Stufe 4 etwa 60 Minuten fertig braten. Zwischendurch immer wieder mit dem Bratfond und mit Cidre begießen. • Nach dem Ende der Bratzeit die Gans und die Apfelscheiben herausheben. • Den Bratfond mit Cidre und dem Calvados lösen, in einen Topf sieben, etwas einkochen lassen und mit dem Gelee sowie der Crème fraîche verfeinern. Die Sauce und die Apfelscheiben extra zu der tranchierten Gans servieren.

Das paßt dazu: gratiniertes Kartoffelpüree, Weinsauerkraut oder Apfelrotkohl. Als Getränk ein trockener weißer Bordeaux.

Wachteln mit Madeirasauce

Lieblingskinder der feinen Küche sind gebratene Wachteln, am wohlschmeckendsten, wenn sie jung und fett sind. In der Bratfolie (Folienschlauch) werden sie zart und knusprig zugleich.

Zutaten für 2 Personen:
4 küchenfertige Wachteln (etwa 80–100 g) ·
Salz · weißer Pfeffer, frisch gemahlen ·
4 Weinblätter · 4 kleine Lorbeerblätter ·
8 Wacholderbeeren · 50 g ungeräucherter
Speck, in schmale Streifen geschnitten ·
4 Eßl. Madeira · 4 Eßl. süße Sahne ·
1 Eigelb · evtl. 1 Teel. Mehl · Madeira zum
Abschmecken
Pro Person etwa 1925 Joule/460 Kalorien

● Zubereitungszeit: 70 Minuten

So wird's gemacht: Die Wachteln waschen, trockentupfen, innen und außen leicht salzen und pfeffern. Die Weinblätter, wenn vorhanden, auf den Wachtelbrüsten mit einem Zahnstocher befestigen. Je 1 Lorbeerblatt und

2 Wacholderbeeren in die Wachteln legen und die Vögel dann mit je 1 Speckstreifen umwickeln. • Den Backofen auf 220 °C vorheizen. • Die Wachteln in die Bratfolie legen, eine Seite verschließen, den Madeira zugießen und weiter verfahren, wie auf der Bratfolienpakkung angegeben. Die Vögel so in den vorgeheizten Backofen legen und bei 220 °C/Gas Stufe 3–4 in insgesamt 45 Minuten garen, nach der Hälfte der Garzeit, also nach 25 Minuten, auf 180 °C/Gas Stufe 2–3 zurückschalten. • Nach Beendigung der Bratzeit den Saft, der sich in der Folie gebildet hat, abgießen, die Wachteln aus der Folie nehmen und warm stellen. • Den Saft mit Wasser auf $1/4$ l auffüllen. • Die Sahne mit dem Eigelb und eventuell dem Mehl verrühren und den Saft damit binden. Die Sauce nach Belieben noch mit Madeira abschmecken, salzen und pfeffern, und gesondert zu den Wachteln servieren.

Das paßt dazu: Kartoffel- oder Maronenpüree, Ananaskraut oder feine junge Gemüse. Als Getränk ein fruchtiger Weißherbst.

Wildgeflügelleber mit Ananas

Bild gegenüber

500 g Wildgeflügelleber · 40 g Butter · weißer
Pfeffer, frisch gemahlen · 1 Glas (5 cl) Sherry
(Medium) · 4 Scheiben Ananas (Dose) ·
eventuell etwas Ananassaft aus der Dose ·
Salz · 1 Prise Ingwerpulver
Pro Person etwa 1234 Joule/295 Kalorien

● Zubereitungszeit: 30 Minuten

◁ Das »Wilderergulasch« kann auch aus Reh- oder Hirschfleisch und mit vielen Pilzen angereichert zubereitet werden. Rezept Seite 40.

So wird's gemacht: Die küchenfertige Wildgeflügelleber waschen, trockentupfen und in kleine Stücke wie für Ragout schneiden. • In einer Pfanne die Butter erhitzen und die Leberstücke darin kurz, etwa 4 Minuten lang, unter vorsichtigem Wenden braten. Pfeffern, mit dem Sherry begießen und zugedeckt weitere 3 Minuten dünsten. • Die Ananasscheiben in Stücke schneiden und zur Leber geben, bei Bedarf auch etwas Saft aus der Dose. Das Gericht leicht salzen, mit Ingwer würzen und in 3 Minuten zugedeckt fertigschmoren.

Das paßt dazu: Mandelreis. Als Getränk ein Weißherbst vom Kaiserstuhl.

Wildtäubchen mit Schokoladensauce

Eine etwas ungewöhnliche Zusammenstellung aus der spanischen Küche, die aber einen Versuch wert ist. Wildtauben können die Größe eines Rebhuhns erreichen, man rechnet eine pro Person.

4 junge Wildtauben (je etwa 250 g) · Salz · weißer Pfeffer, frisch gemahlen · getrockneter Rosmarin · 1 Bund Petersilie · 4 dünne Scheiben gesalzener Speck (75–100 g) · 50 g Butter · $^1/_8$ l Weißwein · 200 g edelbittere Schokolade · 2 Eßl. geröstete Mandelsplitter · 2 Eßl. Sherry (Medium) · 1 Messerspitze Ingwerpulver · 1 Prise Cayennepfeffer · 4 Eßl. süße Sahne
Pro Person etwa 2553 Joule/610 Kalorien

● Zubereitungszeit: 65 Minuten

Schokolade läßt sich am sanftesten im Wasserbad schmelzen.

So wird's gemacht: Die Tauben waschen, trockentupfen und bratfertig machen, das heißt: innen und außen mit Salz, Pfeffer und Rosmarin würzen, etwas gewaschene, gehackte Petersilie und, falls vorhanden, die Innereien in die Bauchhöhle geben, die Flügel auf den Rücken biegen und den Hals unter einen Flügel stecken, die Schenkel in den Bauch schieben, die Tauben mit Speckstreifen kreuzweise umwickeln und diese mit Küchengarn befestigen. • Den Backofen auf 220 °C vorheizen. • Die Tauben nun in heißer Butter rundherum braun anbraten, dann in den vorgeheizten Backofen (Gas Stufe 4) geben und etwa 35 Minuten braten, dabei mit Weißwein und dem Bratfond öfters begießen. Die Tauben dann herausnehmen und warm stellen. • Den Bratfond in einen kleinen Topf abgießen, diesen in ein Wasserbad stellen und die zerkleinerte Schokolade unter Rühren darin auflösen. Die Mandelsplitter, den Sherry, den Ingwer und die Sahne darunterrühren. Die Sauce gesondert servieren.

Das paßt dazu: Mandelkroketten, gedünstete Aprikosen, Orangenreis (Rezept Seite 64). Als Getränk spanischer Rioja oder portugiesischer Rosé.

57

Raffinierte Resteverwertung

Reste sind oft das Beste – nicht nur, weil kleine Mengen oft besser schmecken als im Überfluß Vorhandenes, sondern weil sie auch die Phantasie anregen und den Koch oder die Köchin zu größerer Kreativität anspornen. Von großen Wildbraten, Keulen beispielsweise, bleiben manchmal erhebliche Reste übrig; es wäre aber schade, sie einfach nur aufzuwärmen, auch fehlt es manchmal am nächsten Tag an Sauce. Kleingeschnitten für ein feines Ragout oder einen aparten Salat, durch den Fleischwolf gedreht für Haschee, Kroketten, Frikadellen, Hackbraten, Fleischpudding oder Gemüsefüllungen, lassen sich Reste von Wildfleisch vielfältig abwandeln. Wie wär's zum Beispiel mit einem rustikalen Auflauf aus Wildschweinbraten-Resten und Sauerkraut oder mit kleinen Teigtäschchen (Piroggen), mit Resten von Rehbraten gefüllt, oder mit feinen Klößchen aus den Überresten eines Fasans oder Wildtruthahns, in einer köstlichen Weißweinsauce serviert? Ich kann an dieser Stelle leider nur wenige Rezepte vorstellen, bin aber sicher, daß Sie selbst manchen guten Einfall dazu haben werden.

Omelette Försterinart

Wenn meiner Freundin, Frau eines Forstmanns, vom allzu reichlichen Sonntagsbraten Reste übrig bleiben, gibt es am Montag bei ihr bestimmt diese raffiniert gefüllten Omelettes. Probieren Sie mal – ein Gedicht!

250 g gebratenes Wildfleisch (Reste) · 250 g frische Champignons · 1 kleine Zwiebel · 5 Eßl. Butter · 1 Eßl. Mehl · 4 Eßl. süße Sahne · 2 Eßl. Sherry (Dry) · Salz · weißer Pfeffer, frisch gemahlen · 8 Eier · 1 Eßl. gehackte Petersilie · 1/2 Teel. Streuwürze
Pro Person etwa 2051 Joule/490 Kalorien

● Zubereitungszeit: 45–50 Minuten

So wird's gemacht: Das Wildfleisch von den Knochen lösen und in kleine Würfel schneiden. Die Champignons putzen, abspülen und blättrig schneiden, die Zwiebel schälen und feinhacken. Beides nacheinander in 1 Eßlöffel Butter hell andünsten. Die Wildfleischwürfel dazugeben, mit dem Mehl bestäuben und kurz durchschmoren, dann mit der Sahne und dem Sherry ablösen, einmal aufkochen lassen, salzen, pfeffern und warm stellen. • Die Eier, 6 Eßl. Wasser und die Petersilie mit dem Schneebesen gut verrühren und mit der Streuwürze abschmecken. • Etwas Butter in der Pfanne zergehen lassen und aus 1/4 des Teigs eine Omelette backen. Mit Wildfleischfüllung bestreichen und zusammenklappen, warm stellen. • Aus der restlichen Eimasse noch 3 Eierkuchen backen und jeweils mit Wildfleischfüllung versehen. Die Omelettes dann sofort servieren.

Das paßt dazu: Bratkartoffeln, grüner Salat. Als Getränk ein roter Landwein.

> **Mein Tip** Falls noch Wildsauce vorhanden ist, wird selbstverständlich diese (anstelle von Mehl und Sahne) zum Binden von Pilzen und Fleisch verwendet.

Wildpudding nach Art des Hauses

Zur Resteverwertung eignen sich Puddings, im Wasserbad gekocht, hervorragend. Mit einem herzhaften Salat sind sie ein vollwertiges Mittagessen, mit einer pikanten Sauce oder Kompott ein kulinarischer Schlußpunkt nach Feiertagen.

400–500 g gegartes Wildfleisch (Reste) · 2 Brötchen (Semmeln) · $^1/_8$ l Rotwein · 50 g Butter · 2–3 Eier · 50 g fetter Speck · Salz · schwarzer Pfeffer · Majoran · abgeriebene Schale von $^1/_2$ Zitrone (chemisch nicht behandelt) · etwas Sardellenpaste · $^1/_8$ l saure Sahne · Butter für die Form · etwas Semmelbrösel zum Ausstreuen
Pro Person etwa 2721 Joule/650 Kalorien

- Zubereitungszeit: 30 Minuten
- Garzeit: 90 Minuten (Schnellkochtopf: 25 Minuten)

So wird's gemacht: Das Wildfleisch durch den Fleischwolf drehen. • Die Brötchen in lauwarmem Rotwein einweichen. Die Eier in Eigelbe und Eiweiß trennen. Die Butter mit den Eigelben verrühren. Den Speck feinwürfeln. • Nun die Brötchen ausdrücken und zerpflücken, in die Schüssel zu den Eigelben geben. Das Fleisch, den Speck, Salz, Pfeffer, Majoran und abgeriebene Zitronenschale sowie Sardellenpaste und die saure Sahne hinzufügen, alles gründlich miteinander vermengen. • Die Eiweiß zu steifem Schnee schlagen und diesen unter die Fleischmasse heben. • Eine Puddingform mit Butter ausfetten und mit Semmelbröseln ausstreuen. Die Pudding-

masse einfüllen. Den Pudding im Wasserbad in der verschlossenen Form 90 Minuten (im Schnellkochtopf: 25 Minuten) kochen. • In der Form erkalten lassen, dann stürzen. In Scheiben geschnitten zu Tisch geben. Der Pudding kann aber auch warm gereicht werden.

Das paßt dazu: ein beliebiger Salat oder warmes Gemüse, ein pikantes Kompott, zum Beispiel süß-saurer Kürbis, oder eine passende Sauce (Preiselbeer-, Johannisbeer-, Orangensauce). Als Getränk ein trockener weißer oder roter Landwein.

Variante: Wenn Sie die Eier im ganzen unter die Masse rühren, können Sie diesen etwas festeren Fleischteig als Hackbraten in der Form garen, Bouletten, Kroketten oder ähnliches formen und diese wie üblich braten.

Krautwickerl »Jagerloisl«

Der Jagerloisl vom Tegernsee ist eine Gestalt aus den Erzählungen des bayerischen Schriftstellers Ludwig Thoma, der den Vertretern des edlen Waidwerks manche Zeile seiner Dichtungen gewidmet hat.

1 Kopf Rotkohl (Blaukraut) · Salz · 300 g beliebiges Wildfleisch (Reste oder frisch) · 50 g Räucherspeck · 1 kleine Zwiebel · 1 Ei · 2 Eßl. Semmelbrösel · schwarzer Pfeffer, frisch gemahlen · 2–3 Eßl. Butterschmalz · $^1/_8$ l Rotwein · 4 Eßl. saure Sahne · 1 Teel. Speisestärke
Pro Person etwa 1340 Joule/320 Kalorien

- Zubereitungszeit: 20 Minuten
- Garzeit: 45–50 Minuten (Schnellkochtopf: 10–12 Minuten)

So wird's gemacht: Den Rotkohl mit siedendem Salzwasser übergießen, damit die großen äußeren Blätter sich besser abheben lassen. Diese Blätter wenn nötig säubern, die Rippen flachschneiden. Jeweils 2 oder 3 Blätter übereinanderlegen für 4 Rouladen. • Für die Füllung das Fleisch sehr klein schneiden, den Speck würfeln, die Zwiebel schälen und feinhacken. Den Speck ausbraten, Fleisch und Zwiebel darin anrösten. Das Ei, die Semmelbrösel, Salz und Pfeffer darunterrühren. • Die Fülle auf den Krautblättern verteilen, diese einrollen und mit Küchengarn umwickeln oder mit Rouladenklammern befestigen. • Die Krautrouladen in heißem Fett von allen Seiten anbraten, mit dem Rotwein und wenn nötig noch etwas Wasser angießen und zugedeckt in etwa 45 Minuten gar schmoren (im Schnellkochtopf: etwa 10 Minuten). • Die entstandene Sauce mit der in der sauren Sahne verrührten Speisestärke binden und mit Salz und Pfeffer abschmecken.

Das paßt dazu: Salzkartoffeln oder Kartoffelpüree. Als Getränk ein trockener Rotwein.

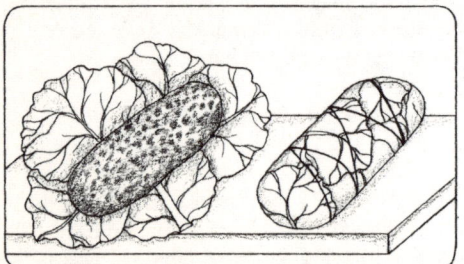

Wird die Füllung auf übereinandergelegte Kohlblätter gegeben, läßt sie sich besser »einwickeln«.

Wildsalat »Nimrod«

500 g gegartes Wildfleisch (Reste vom Braten) · 1 Birne · 1 Banane · 250 g frische Champignons · 250 g Senfgurken (Glas) · 5 Eßl. Öl · 2 Eßl. Weinessig · Salz · weißer Pfeffer, frisch gemahlen · 1 Teel. Curry · 200 g leichte Mayonnaise (50%) · 1 Eßl. Weinbrand · 1 Kiwi · etwas Preiselbeerkompott
Pro Person etwa 2930 Joule/700 Kalorien

- Zubereitungszeit: 30 Minuten (ohne Wartezeit)

So wird's gemacht: Das Wildfleisch von den Knochen lösen und in kleine Würfel oder Streifen schneiden. Die Birne schälen, entkernen, ebenfalls in Würfel oder Streifen schneiden. Die Banane schälen und in Scheiben schneiden. Die Pilze putzen, abspülen und blättrig schneiden. Die Senfgurken abtropfen lassen und würfeln oder in Streifen schneiden. • Die Pilze in 1 Eßlöffel Öl kurz andünsten. Dann mit allen anderen schon erwähnten Zutaten in eine Schüssel geben. • Das restliche Öl, den Weinessig, Salz und Pfeffer nach Geschmack, den Curry mit der Mayonnaise verrühren und mit dem Weinbrand abschmecken. Diese Sauce über die Salatzutaten gießen und vermengen. Den Salat kühl stellen und etwas durchziehen lassen. • Die Kiwi schälen und in Scheiben schneiden. Den Salat mit dem Preiselbeerkompott und den Kiwischeiben garnieren.

Das paßt dazu: Toast und Butter. Als Getränk ein Rosé oder leichter Burgunder.

Was auch dazugehört

Füllungen und Saucen

Federwild wird wie anderes Geflügel gerne mit einer Füllung versehen; es bleibt dann saftiger und ergibt größere Portionen. Man kann nun entweder in große Stücke geschnittene Äpfel oder Zwiebeln oder ganze geschälte Maronen, Kartoffelscheiben und ähnliches in das Innere des Vogels geben. Oder man bereitet eine Farce zu, für die man die Innereien – falls vorhanden – oder Rinderhackfleisch, Kalbsbrät, Bratwurstfüllung, Schinkenwürfel sowie Weißbrot, Ei, Gewürze, Kräuter, Zwiebel, eventuell Knoblauch, Pistazien, Orangen- oder Apfelstückchen, Weintraubenbeeren oder Rosinen und ähnliches verwendet. Neben Geflügel können aber auch Fleisch- oder Gemüserouladen, Crêpes oder zum Beispiel eine ausgelöste Hirschkeule mit einer Füllung aus Wildfarce versehen werden.

Fast so wichtig wie das Fleisch selbst ist für die meisten Wildfreunde auch eine gehaltvolle würzige Sauce zu Wild- und Wildgeflügelgerichten. Um den typischen Wildgeschmack nicht zu »verfremden« oder zu überlagern, sollten Sie den Bratfond von Wildgerichten nie mit einem Fertigprodukt, wie Bratensauce aus Päckchen, Tube oder Glas, verlängern. Mit feinen Zutaten wie Sahne, Alkohol, Konfitüren, Fruchtsäften und Früchten, Nüssen und ähnlichem erhalten Saucen mehr »Pfiff«, ohne daß das Typische verloren geht. Für Fälle, in denen Sie eine Sauce getrennt vom Braten zubereiten wollen, finden Sie weiter unten ein Grundrezept, das Sie durch aparte Beigaben beliebig abwandeln können. Zum fertigen Fond geben Sie beispielsweise:
– grünen Pfeffer, Weinbrand, süße Sahne,
– Apfelmus, Zitronensaft, schwarzen Johannisbeerlikör,
– gehackten eingelegten Ingwer, gehackte Senffrüchte, süße Sahne,
– pürierte Kiwis, Johannisbeergelee, Sherry,
– Orangensaft, gehacktes Orangen-Fruchtfleisch, Madeira,
– Genever, gemahlene oder gehackte Walnüsse, süße Sahne.

Mein Tip Saucen zu Wild dürfen nicht zu farblos sein. Dunkelbraun, glatt und sämig werden sie durch viel geröstetes Gemüse, Tomatenmark, Rotwein, vor allem aber durch langes Dünsten des Fleisches. Zum Andicken kann man auch Saucenlebkuchen gut verwenden.

Steht Ihnen kein Wildfond zur Verfügung, so bereiten Sie am besten eine Fruchtsauce zu, wie zum Beispiel Preiselbeer- oder Orangensauce, die besonders gut zu Wildpasteten passen, oder reichen Sie eine fertig gekaufte Cumberlandsauce.

Beilagen und Garnituren

Sie krönen die Wildgerichte, erhöhen den Genuß. Viele typische Wildbeilagen haben eine lange Tradition, entstammen der sogenannten klassischen feinen Küche, andere wieder wurden erst durch die »nouvelle cuisine« in die Wildküche eingeführt, wie beispielsweise die Gemüsepürees. Eine Aufzählung der wichtigsten Wildbeilagen soll Ihnen Anregungen geben; sie wird ergänzt von einigen Rezeptbeispielen.

Gemüse

Neben den traditionellen Wildbeilagen Rotkohl oder Blaukraut, mit Rotwein und Johannisbeergelee abgeschmeckt, sowie Rosenkohl mit Räucherspeckwürfeln (vor allem zu Wildschwein) ist besonders Sauerkraut beliebt, das mit Weißwein oder Sekt, Früchten (Ananas, Weintraubenbeeren) oder Rosinen zubereitet oder als Sauerkraut rosé mit Preiselbeerkonfitüre vermischt wird. Sie können zu Wildgerichten aber auch mal eine feine Gemüseplatte (Prinzeßbohnen, junge Erbsen, Karotten, Schwarzwurzeln), Blattspinat oder ausländische Gemüse wie Brokkoli oder Zucchini, vor allem zu kurzgebratenem Wild, servieren. Liebhaber der »neuen Küche« werden Gemüsepürees von Sellerie, Wirsing, Möhren, Zwiebeln, Brokkoli auch zu Wild servieren. Eine klassische Beilage sind Linsen, als Gemüse oder Püree, zu Rebhuhn. Weitere Vorschläge sind glasierte Karotten oder Zwiebelchen oder gebratene Zwiebelscheiben.

Salate

Zu Wild passen grüne Blattsalate, gemischte Salate, Krautsalate, Rote-Bete-Salat.

Pilze

Beliebte Wildbeigaben sind Pilze jeder Art, bevorzugt Pfifferlinge, Steinpilze, Morcheln, entweder gedünstet oder gebraten, mit Ei, Sahne, Kräutern sowie als Essigpilze.

Andere Beilagen

Zu Wildgerichten passen als sättigende Beilagen Teigwaren jeder Art, vor allem selbstgemachte Spätzle, Klöße jeder Art aus Kartoffeln, Semmeln oder Hefeteig, Dampfkartoffeln, Kartoffelpüree, auch als Gratin, Herzogin-Kartoffeln, Strohkartoffeln, Kartoffelkroketten und -bällchen mit Semmelbrösel-, Nuß- oder Mandelpanade, Kartoffelplätzchen, Polenta, Reis auf verschiedene Art, mit Pilzen, Kräutern, Mandeln, Pistazien, Rosinen, Maronen (Eßkastanien) gedämpft, glasiert, als Püree oder Kroketten, Weißbrottoast, frisches Stangenweißbrot.

Früchte

Sie können sowohl roh als Garnierung (Ananas-, Orangen-, Kiwi-, Bananenscheiben, Weintrauben), gedünstet (Apfelscheiben, Birnen- und Pfirsichhälften, ganze Äpfel und Birnen, in Wein gegart) sowie als Kompott (Quitten-, Pflaumen-, Sauerkirsch-, Stachelbeer-, Kürbiskompott, Kompott von Heidelbeeren, Preisel- und Kronsbeeren und von eßbaren Ebereschen, Apfelmus) beigegeben werden. Bananen, Ananas- oder Apfelscheiben werden zuweilen auch in Butter gebraten.

Garnituren

Beliebte Garnituren sind gedünstete Äpfel und Birnen, mit Preiselbeerkonfitüre, Sauerkirschkompott oder Orangenmarmelade gefüllt, Bratäpfel, mit Rosinen, Nüssen, Maronenpüree oder Marzipanrohmasse gefüllt, ausgehöhlte Orangen, mit Preiselbeerkompott gefüllt, mit Maronen- oder Zwiebelpüree, gefüllte Artischockenböden, Tomaten mit Rühreifüllung, gefüllte Champignonköpfe, gebratene Weißbrot- und Schinkenstreifen, Blätterteighalbmonde, Preiselbeeraspik. Zu Pasteten passen sehr gut Essiggemüse oder -früchte, Senffrüchte, Eischeiben, eingelegter Paprika, Sardellenringe, Portwein- oder Madeiragelee.

Maronenpüree

Maronen (Eßkastanien) passen zu allen Arten von Wildgerichten mit ihrem feinen, süßlich-nußartigen Geschmack. Frisch kann man sie in den Herbst- und Wintermonaten – der Hauptwildsaison also – kaufen.

750 g Maronen · Salz · weißer Pfeffer, frisch gemahlen · 3/8 l Milch · 50 g Butter · eventuell etwas Portwein oder Madeira sowie 1 Zwiebel und 1 Eßl. Butter
Pro Person etwa 2218 Joule/530 Kalorien

● Zubereitungszeit: 25 Minuten (Schnell-kochtopf: 15 Minuten)

Kastanien lassen sich besser schälen, wenn sie vor dem Rösten kreuzweise eingeschnitten werden.

So wird's gemacht: Den Backofen auf 220 °C vorheizen. • Die Maronen an der Rundung kreuzweise einschneiden, im vorgeheizten Backofen auf dem Blech etwa 20 Minuten rö-sten, bis die Schale platzt und sie sich schälen lassen. Dann in einem Topf mit wenig Salz-wasser in 25 Minuten (im Schnellkochtopf in 15 Minuten) weichkochen. Im Mixer pürieren oder durch ein Sieb streichen, mit Salz und Pfeffer würzen. • Die Milch erhitzen und die Maronen mit der kochendheißen Milch zu einem Brei verarbeiten, dabei die Butter unterrühren und eventuell mit Portwein oder Madeira abschmecken. Wer mag, schält eine Zwiebel, schneidet sie in Ringe und röstet diese in Butter goldgelb. Das Püree damit servieren.

Variante: Maronenkroketten erhält man, wenn man das Maronenpüree mit geriebenen Walnüssen vermengt, Kroketten formt, diese in Mehl, Ei und Semmelbröseln wendet und in heißem Fett knusprig goldbraun ausbäckt. Man kann die gerösteten, geschälten Maro-nen aber auch in Butter anbraten, mit Salz und Pfeffer würzen und in Fleischbrühe mit etwas Madeira oder Portwein gar dämpfen, dann als Beilage zu Wildfleisch geben. Sehr delikat sind auch glasierte Maronen: hierfür schwenkt man die weichgedämpften Maronen mit Butter und etwas Zucker so lange in der Pfanne, bis sie von einer Karamelkruste über-zogen sind. Gedämpfte Maronen gibt es übri-gens in Dosen als Fertigprodukt zu kaufen.

Selleriepüree

Feine Beilagen zu Wildgerichten sind Ge-müsepürees, zum Beispiel aus Sellerie, Brokkoli, Zwiebeln, Pilzen. Sie schmecken zu Wild aparter als Kartoffelpüree.

750 g Sellerieknolle · 250 g Kartoffeln · Salz · Wasser · Saft von 1 Zitrone · 1 Eßl. Mehl · 2 Eßl. Butter · weißer Pfeffer, frisch gemahlen · geriebene Muskatnuß · eventuell etwas Milch oder süße Sahne
Pro Person etwa 795 Joule/190 Kalorien

- Zubereitungszeit: 50 Minuten

So wird's gemacht: Die Sellerieknolle und die Kartoffeln schälen, in Stücke schneiden · Salzwasser zum Kochen bringen, den Zitronensaft und die Sellerie- und Kartoffelstücke hineingeben. Das Mehl hineinrühren und alles 30 Minuten kochen lassen. • Abgießen, pürieren, salzen, pfeffern und mit Muskat abschmecken. • Nach Bedarf etwas warme Milch oder Sahne darunterrühren.

Polenta

Polenta oder Maisbrei paßt ausgezeichnet zu vielen Wildgerichten, zum Beispiel zu Reh oder Wildschwein.

1 l Wasser oder leichte Fleischbrühe ·
250 g Polentagrieß (Maisgrieß) · Salz · weißer
Pfeffer, frisch gemahlen · eventuell Butter
zum Braten und Zwiebelringe zum Garnieren
Pro Person etwa 983 Joule/235 Kalorien

- Zubereitungszeit: 30 Minuten

So wird's gemacht: Das Wasser oder die Fleischbrühe zum Kochen bringen, den Polentagrieß unter Rühren einlaufen lassen und ständig weiterrührend etwa 15 Minuten kochen, bis ein dicker Brei entstanden ist. Mit Salz und Pfeffer würzen. Diesen Brei nun entweder mit in Butter gebratenen Zwiebelringen garniert zu Tisch geben. Oder auf einer Platte völlig erstarren lassen, in große Würfel schneiden und diese in der Pfanne in reichlich Butter knusprig braten. Die Polentawürfel ißt man besonders gerne in der Schweiz zu Wildpfeffer.

Orangenreis

Mit Pasteten, Wildsteaks und Wildgeflügel harmoniert der pikante Orangenreis besonders gut.

4 Orangen · 2 Tassen Orangensaft aus der
Flasche · 2 Tassen Wasser · Salz · 2 Tassen
(etwa 250 g) Langkornreis · je 1 Eßl. Senf,
Essig, Zucker und Öl
Pro Person etwa 1591 Joule/380 Kalorien

- Zubereitungszeit: 30 Minuten

So wird's gemacht: Die Orangen schälen und filetieren, dabei den Saft auffangen. Den Orangensaft mit dem Wasser und etwa 1 Teel. Salz aufkochen. • Den Reis waschen, abtropfen lassen, einstreuen und bei schwacher Hitze in etwa 18 Minuten ausquellen lassen. • In der Zwischenzeit aus Salz, dem Senf, dem Essig, dem Zucker und dem Öl eine Marinade rühren und die Orangefilets hineingeben. Diesen Salat mit dem Orangenreis servieren.

Pistazienreis

2 Tassen (etwa 250 g) Langkornreis · Salz ·
60 g geschälte Pistazien · 60 g Sultaninen ·
weißer Pfeffer, frisch gemahlen · Zimtpulver ·
20 g Butter
Pro Person etwa 1716 Joule/410 Kalorien

- Zubereitungszeit: 30 Minuten

So wird's gemacht: Den Reis waschen, abtropfen lassen. 4 Tassen Wasser mit Salz zum Kochen bringen. Den Reis in das kochende

Wasser schütten und bei schwacher Hitze 10 Minuten quellen lassen. • Die Pistazien grobhacken, mit den gewaschenen Sultaninen zum Reis geben, mit Pfeffer und wenig Zimt würzen und in weiteren 10 Minuten garen. Dann die Butter darunterziehen und heiß servieren. Dieser Reis paßt gut zu feinem Wildgeflügel.

Portweinpflaumen

Die veredelten Backpflaumen können warm oder kalt als Beilage zu Wildbraten, vor allem Hase und Wildschwein, serviert werden.

250 g Backpflaumen · ¹/₄ l Portwein · eventuell etwas Zucker
Pro Person etwa 963 Joule/230 Kalorien

● Zubereitungszeit: 15–20 Minuten

So wird's gemacht: Die Pflaumen, wenn nötig, entsteinen, dann in dem Portwein (Zucker nach Belieben) 10–15 Minuten kochen.

Ingwerbirnen

Ob zu Rehkeule, Hirschkotelett oder Elchsteak – diese aparte Beilage ist das bewußte i-Tüpfelchen für feine Wildgerichte.

Zutaten für 6 Personen:
3 große feste Birnen · ¹/₂ l Weißwein ·
¹/₄ l Wasser · 50 g Zucker · ¹/₂ Zimtstange ·
etwas Zitronenschale (chemisch nicht behandelt) · 125 g Schlagsahne ·
20 g Ingwer in Sirup
Pro Person etwa 670 Joule/160 Kalorien

● Zubereitungszeit: 30 Minuten

So wird's gemacht: Die Birnen schälen, halbieren, vom Kernhaus befreien. • Den Weißwein mit ¹/₄ l Wasser, dem Zucker, der Zimtstange und Zitronenschale aufkochen und die Birnenhälften in etwa 20 Minuten darin garen, dann abtropfen lassen. • Die Sahne sehr steif schlagen, den Ingwer hacken, beides miteinander vermischen, mit etwas Ingwersirup abschmecken und in die Birnenhälften füllen.

Variante: Birnenhälften kann man auch mit Preiselbeer- oder Kronsbeerkompott oder mit Sauerkirschen aus dem Glas füllen und zu Wild servieren. Auch mit Roquefort- oder Edelpilz-Creme gefüllte Birnenhälften passen gut zu bestimmten Wildgerichten. Übrigens können Birnen als Wildgarnitur mit der Schale und dem Stiel blanchiert werden.

Gefüllte Calvados-Äpfel

Vom Bratapfel bis zum Apfelmus, von den gebratenen Apfelringen bis zum delikat gefüllten Apfel – diese Frucht ist als Begleiter zu Wild und -geflügel unschlagbar.

4 kleine säuerliche Äpfel · ¹/₈ l Weißwein ·
2 Gläser (4 cl) Calvados · etwas Zitronensaft und Zucker
Für die Füllung: 75 g (4 Eßl.) Maronenmus aus der Dose · 125 g Schlagsahne · 1 Eßl. Zucker · 4 Teel. Preiselbeerkompott
Pro Person etwa 1046 Joule/250 Kalorien

● Zubereitungszeit: 15 Minuten

So wird's gemacht: Die Äpfel waschen, einen Deckel oben abschneiden und das Kernhaus sowie etwas Fruchtfleisch herausholen. Den Weißwein mit 1 Glas Calvados, Zitronensaft und Zucker zum Kochen bringen und die ausgehöhlten Äpfel darin 5 Minuten dünsten. Abtropfen und auskühlen lassen. • Für die Füllung das Maronenmus mit der steifgeschlagenen Sahne, dem restlichen Calvados und dem Zucker verrühren und die Äpfel mit dieser Creme füllen. Mit Preiselbeertupfen verziert zu Tisch geben.

Variante: Sie können die gedünsteten Äpfel auch ganz schlicht mit Preiselbeerkompott füllen, wenn kein Maronenmus zur Hand ist.

Wildfond (Grundrezept)

Wenn Sie einen Wildfond, eine braune Grundsauce aus Wildknochen und -fleisch, in Würfelformen einfrieren, haben Sie jederzeit die Basis für eine delikate Wildsauce, die Sie durch Sahne, Eigelb, Cognac, Früchte, Konfitüren, geriebene Nüsse und vieles andere mehr abwandeln und verfeinern können.

500 g Wildknochen und Wildfleischabschnitte (Parüren) · 100 g Mirepoix (Suppengemüse aus Zwiebel, Möhre, Porree, Sellerieknolle) · 1 Knoblauchzehe · 2 Eßl. Öl · 1 Eßl. Tomatenmark · 1 Eßl. Mehl · 1 l Wasser · 1 Lorbeerblatt · 4 Wacholderbeeren · 5 weiße Pfefferkörner · 1 Knoblauchzehe ·

2 Petersilienstengel · 1 Thymianzweig · Salz · schwarzer Pfeffer · eventuell 1 Schuß Rotwein Pro Person etwa 921 Joule/220 Kalorien

● Zubereitungszeit: 20 Minuten
● Garzeit: 2–3 Stunden (Schnellkochtopf: 50–60 Minuten)

So wird's gemacht: Die kleingehackten Wildknochen und Fleischabschnitte abspülen. Das Suppengemüse waschen, schälen oder putzen und kleinschneiden. Die Knoblauchzehe schälen. • Das Öl in einem Topf erhitzen und die Knochen, das Fleisch und das Gemüse darin anrösten. Das Tomatenmark und das Mehl darunterrühren und ebenfalls braun rösten, dann mit 1 l Wasser aufgießen. • Die Gewürze, die geschälte Knoblauchzehe sowie die Kräuter hinzugeben und alles zugedeckt 2–3 Stunden (Schnellkochtopf: 50–60 Minuten) kochen lassen. Die Sauce dann durch ein Sieb in einen anderen Topf gießen, eventuell noch etwas reduzieren (einkochen lassen), mit Salz, Pfeffer und eventuell Rotwein abschmecken und beliebig weiterverwenden oder auf Vorrat einfrieren.

Wildbret für Alltag und Feste

Wildgerichte werden echte »Liebhaber« immer begeistern, ob es sich nun um ein Wildschweingulasch für den Alltag oder um exquisite Fasanenbrüstchen für einen besonderen Anlaß handelt, ob eine Mahlzeit im Familienkreis oder ein offizielles Festessen ansteht. Es ist nicht schwer, mit Wild aparte Menüs zusammenzustellen! Einzige Faustregel: Ist der Hauptgang deftig, sollten Vorspeise oder Suppe und Nachtisch nicht zu schwer und kompakt sein. Besonders gut werden Wildgerichte durch Fruchtdesserts ergänzt. Bei der Menü-Zusammenstellung haben Sie die Möglichkeit, das ganze Menü unter das Motto »Wild« zu stellen und ein richtiges »Jagdessen« zu inszenieren oder völlig abweichende Vorspeisen und Desserts zu wählen. Beides hat seinen kulinarischen Reiz. Und da man heute Pilze, Maronen, Senffrüchte, Preiselbeerkompott und vieles mehr in Dosen und Gläsern als Fertigprodukt kaufen kann, da tiefgefrorene Kroketten und Rosenkohl, Püreepulver und Minuten-Reis aus der Packung uns Zeit sparen helfen, dürfte es Ihnen nicht schwer fallen, den Wildgerichten durch möglichst viele passende Beilagen die richtige Umrahmung zu geben. Hier nun einige Vorschläge:

Jagd-Menüs

Rehpastete (Seite 35) mit Senffrüchten, Toast
Wildbouillon (Seite 33)
Rebhühner auf Traubenkraut (Seite 51), Kartoffelplätzchen
Preiselbeer-Halbgefrorenes

Wildententerrine (Seite 48)
Steinpilzsuppe
Rehrücken mit Hagebuttensauce (Seite 25), Semmelknödel, Rotkohl
Heidelbeerstrudel

Menüs für den Alltag

Tomatensuppe mit Calvados
Wilderergulasch (Seite 40), Rosenkohl, Spätzle
warmer Apfelkuchen

Eierflaumsuppe
Wildpudding (Seite 59), Feldsalat, Kompott
Heidelbeerquark

Spargelcremesuppe
Wildrouladen (Seite 33), Salzkartoffeln, Salat
Bratäpfel mit Schlagsahne

Schnelle Menüs

Käsetoast
Hirschsteaks mit Russischer Sauce (Seite 31), Kartoffelkroketten
frische Früchte der Saison

Roquefortbirnen
Omelette Försterinart (Seite 58), Chicoreesalat
Vanilleeis mit Rumtopffrüchten

Menüs aus fremden Küchen

Melone mit Parmaschinken
Elchsteaks mit Morchelsauce und Maronenpüree (Seiten 32 und 63), Kronsbeerkompott
Karamelcreme

Sojasprossensalat
Wildgeflügelleber mit Ananas und Pistazienreis (Seiten 54 und 64)
Zabaione

Lachscremesuppe
Kaninchen in Weißwein (Seite 43), Kartoffeloder Selleriepüree (Seite 63)
Zitronenparfait

Menüs wie in alten Zeiten

Frische Erbsensuppe mit Sahnehäubchen
Hasenfilets mit Backpflaumen und Kartoffel-
klößen (Seite 42)
Rotweingelee

Kresseschaumsuppe
Schwarzwild mit Kirschsauce (Seite 38), Sem-
melknödel
Kastaniencreme

Festliche Menüs

Shrimps-Cocktail
Fasanenbrüste in Champagnersauce (Seite
50), Brokkoli, gedämpfte Maronen
Mousse au Chocolat

Schneckensuppe
Rehmedaillons (Seite 29) mit frischen Pfiffer-
lingen und glasierten Maronen
Avocados, mit Früchten gefüllt

Schinkenmousse, Toast
Gespickte Hirschkeule mit Ingwerbirnen (Sei-
ten 30 und 65) und Mandelkroketten
Kiwisorbet

Passende Getränke

In der internationalen Küche galt lange Zeit
die Regel, daß zu Wild oder Wildgeflügel ausschließlich Rotwein serviert werden mußte,
vor allem die schweren, vollmundigen Weine.
Heute hält man sich nicht mehr starr an diese
Vorschrift; man serviert zu hellerem Wildfleisch und Wildgeflügel auch Weißwein oder
Rosé. Als Faustregel kann gelten:

Zu geschmortem Wildbret und älterem
Fasan in Marinade harmonieren schwere
Rotweine, zu kürzer gebratenem Wild (Reh,
Frischling) leichte Rotweine, ebenso zu Rebhuhn, Wachtel und jungem Fasan. Zum Hasen paßt ein schwerer Rotwein, zu Kaninchen
eher Weißwein oder Rosé. Rosé, zum Beispiel ein Weißherbst, kann zu allen Wildgeflügelarten serviert werden, ebenso zu Pasteten.
Zu diesen paßt auch Sekt, ein Weißwein der
Spitzenklasse sowie Sherry, Portwein, Toka-
jer oder Wermut. Wer keine Experimente
wagen will, wird zum Wild grundsätzlich einen Rotwein servieren. In Weinregionen
trinkt man allerdings auch zu Wildgerichten
oftmals heimische Weißweine, vorwiegend
volle, reife Weine der Rebsorten Riesling,
Ruländer, Traminer und Gewürztraminer.
Auch wenn bei der Zubereitung ein Weißwein verwendet wurde, kann man den gleichen Wein zu dem Gericht servieren.

Beliebte und empfehlenswerte Rotweine zu
Wild sind in Frankreich: zu kräftig schmek-
kendem Wild körperreiche Weine wie Burgunder (Chambertin, Clos-de-Vougeot), Bordeaux (Pomerol, Saint-Émilion) und Côtes du
Rhône-Weine (Chateauneuf-du-Pape, Her-
mitage), zu zartem Wild und Wildgeflügel
leichte Weine (Beaujolais aus Burgund,
Graves und Médoc aus Bordeaux); in Italien:
Chianti classico aus der Toscana, Barolo aus
Piemont; in der Schweiz: Merlot und Pinot
noir; in Ungarn: Kadarka, wie Erlauer Stierblut vom Plattensee; in Österreich: Blaufrän-
kisch und Blauer Burgunder aus Niederöster-
reich und dem Burgenland; in Spanien: die
roten Rioja-Weine; in Deutschland: Ahr,
Rheingau und Rheinpfalz (Spätburgunder,
Portugieser), Württemberg (Trollinger, Lemberger, Schwarzriesling), Franken (Blauer
Spätburgunder, Domina).

...und hier das »Zwillingsbuch«

Unser Kochbuch № 1
Unser GU Kochbuch für junge Leute.
Raffiniert, vielseitig und international sind
die Rezepte. Unkompliziert, praktisch und
zuverlässig sind die Anweisungen und die
vielen Tips.

Unser Kochbuch № 1 zeigt praxisnah, wie die
köstlichen Koch-Ideen aus aller Welt sicher
gelingen – auch ohne Vorkenntnisse. 700 ver-
lockende Rezepte – leicht, schnell, raffiniert,
deftig oder festlich – warten auf kochlustige
junge Leute, die gern Gutes essen. Die Palette
reicht von feinen Vorspeisen und köstlichen
Salaten über Fleischspezialitäten und wohlschmeckende Gemüsegerichte, Aufläufe und
Eintöpfe bis zu besonderen Desserts und Selbst-
eingemachtem. Mit 100 Farbfotos und einem
großen, praktischen Informationsteil: „Was
koche ich, wenn…" sowie einer
ausführlichen „Starthilfe
für Ungeübte".

Gunhild
von der Recke
Annette Wolter
**Unser
Kochbuch № 1**
456 S., 100 Farbf.,
Zeichng. Roter
Glanzeinband.
Silbermedaille
der Gastronomi-
schen Akademie
Deutschlands e.V.

Gunhild
von der Recke
Annette Wolter
**Unser
Backbuch № 1**
456 S., 100 Farbf.,
Zeichng. Brauner
Glanzeinband.

Kleines Lexikon der Fachausdrücke

Abhäkeln: Ausnehmen von Federwild

Abhängen: Das Reifen von frischem Schlacht- oder Wildfleisch. Durch die Eiweißumwandlung wird das Fleisch mürbe.

Abschwarten: Abziehen der borstigen Haut von Schwarzwild

Aufbruch: Vom Jäger beim »Aufbrechen«, dem Öffnen des Leibes, entnommene Innereien

Balg: Fell vom Hasen oder Kaninchen

Bardieren: Umwickeln von Fleisch oder Geflügel mit dünnen Speckscheiben, um das Austrocknen beim Braten zu verhindern

Beize, Marinade: Mischung aus Essig, Wasser, Wein, Buttermilch mit Öl, Gewürzen, Kräutern, Gemüse (Mirepoix)

Beizen, Marinieren: Nasses Beizen: Fleisch eine Zeit lang in einer Beize oder Marinade stehen lassen; es wird dadurch weicher und erhält einen würzig-säuerlichen Geschmack. Trockenes Beizen: Fleisch eine Zeit lang mit Öl, Alkohol, Gewürzen, Kräutern eingerieben ablagern lassen.

Blatt: Schulter

Blume: Schwanz vom Hasen oder Kaninchen

Dressieren: Fleischstücke und Geflügel in Form bringen durch Umbinden mit Garn

Faisandage: Durch langes Abhängen von Wildgeflügel entstandener Hautgout.

Farce: Füllung, Fleischteig für Pasteten und Puddings

Flambieren: Gerichte mit erwärmtem, mindestens 40%igem Alkohol übergießen, anzünden und abbrennen lassen (Geschmacksverbesserung).

Fond: Bratensatz, Grundsubstanz für Saucen, die vorbereitet und eingefroren werden können.

Frischling: Jungtier vom Wildschwein

Gescheide: Innereien vom Wild

Geschlinge: Darm beim Federwild

Hasenklein: Hasenpfeffer, -ragout

Hautgout: strenger Wildgeruch und -geschmack

Läufe: Beine beim Hasen und Kaninchen

Lardieren: Spicken

Maronen: Eßkastanien, Edelkastanien

Mirepoix: Suppengemüse, Röstgemüse für Marinaden und Saucen

Mortifikation: Abhängen bis an die Grenze zur Verwesung

Parieren: Überflüssiges an Fleischstücken abschneiden

Pastete: In Teigkruste gebackene Fleischfarce

Pfeffer: Ragout von Reh, Hirsch, Wildschwein oder anderem Wildbret

Salmi: Ragout von Wildgeflügel

Schlegel: Keule

Schonzeit: Zeit, in der das Jagen bestimmter Tiere gesetzlich verboten ist.

Speckhemd: Umhüllung aus dünnen Speckscheiben für Geflügel

Spicken: Fleisch gleichmäßig mit dünnen Speckstreifen durchziehen, um Austrocknen zu vermeiden.

Ständer: Beine beim Federwild

Stoß: Schwanzfedern beim Federwild

Terrine: Pastete ohne Teigkruste, im Wasserbad in einer Pastetenform oder im Steinguttopf gegart

Tranchieren: Zerlegen von Braten oder Geflügel

Überläufer: zweijähriges Wildschwein

Wildbret: Bezeichnung für Wildfleisch, eigentlich Fleisch vom Hirsch

Zerwirken: Zerlegen, Zerteilen von Wild

Ziemer: Rücken

Die bunten Küchen-Ratgeber

Alles, was gut schmeckt!
Tolle Rezepte von gestern
und heute. Die beliebten
Küchen-Ratgeber – zum
Sammeln wie geschaffen.
Jeder Band mit 56 – 72 Sei-
ten, 10 – 25 Farbfotos,
vielen Zeichnungen,
Paperback.

Wählen Sie aus:

- Köstliche Aufläufe
- Backen nach Großmutters Art
- Selber Brot backen
- Köstliche Ei-Gerichte
- Selber einmachen

- Köstliche Eintöpfe aus aller Welt
- Köstliche Fisch-Gerichte
- Reizvolle Fleisch-Rezepte
- Reizvolle Fondue-Rezepte
- Köstliche Geflügel-Gerichte
- So schmeckt's vom Holz-kohlengrill
- Reizvolle Rezepte mit Käse
- Reizvolle Kartoffel-Gerichte
- Kochen mit Knoblauch
- Küchenkräuter selbst gezogen
- Köstliche Lamm-Spezialitäten
- Mixgetränke – mit und ohne Alkohol
- Nudel-Variationen
- Das praktische Pilz-Kochbuch
- Pizza, Calzone und Focaccia

- Plätzchen selbst gebacken
- Köstlichkeiten mit Quark und Joghurt
- Raffiniert würzen – leicht gemacht
- Reizvolle Rezepte für 1 Person
- Bunte Salate mit Variationen
- Köstliche Saucen selbst gemacht
- Gutes aus dem Schnell-kochtopf
- Toast raffiniert
- Kochen mit Tomaten
- Vollkorn-Rezepte
- Wildgerichte – leicht gemacht
- Köstliches aus dem Wok
- Kochen mit Zwiebeln
- Chinesisch kochen – leicht gemacht
- Echt französisch kochen
- Echt griechisch kochen
- Indonesisch kochen – leicht gemacht
- Echt italienisch kochen
- Echt provenzalisch kochen

Rezept- und Sachregister

Die *kursiv* gesetzten Seitenzahlen verweisen auf die Farbbilder

Typisch französisch durch den ▷
aromatischen Thymian schmeckt
das »Kaninchen in Weißwein«.
Rezept Seite 43